高山正也　植松貞夫　監修
新・図書館学シリーズ 4

改訂
情報サービス概説

〈編集〉渋谷 嘉彦　大庭 一郎
　　　　杉江 典子　梁瀬三千代
　　　　　　共　著

樹 村 房
JUSONBO

監修者の言葉

　1950年に成立した現「図書館法」により，わが国の図書館員の養成が本格的に大学レベルで実施され始めて以来，この約半世紀の間に，図書館をとりまくわが国の社会環境も，図書館も大きく変貌した。館数，施設，蔵書構成など，わが国の図書館環境の整備は世界に誇れる大きな成果ではあるが，図書館サービスそれ自体の水準は日本社会の歴史的，社会的な通念を始め，多くの要因のために，未だ世界の第一級の水準とは言い難い面もある。しかし情報社会の到来を目前に控え，新しい時代の情報専門職にふさわしい，有能で，社会的にリーダーシップのとれる図書館員の養成は社会的急務である。

　わが国の図書館職員，特に公共図書館職員の養成の主流となってきたのは，「図書館法」で定められた司書資格取得のための司書講習の規定であった。この司書講習や講習科目に基づく司書課程を開講し，図書館職員の養成にかかわる大学数も，受講する学生数もこの約半世紀の間に激増した。このような状況の下で，司書養成の内容の改善も両三度図られた。教育の改善は，教育内容と教育時間の両面での充実が考えられるが，今回（1996年）の改訂では，実質的な図書館学の教育時間の増大は図られなかったに等しい。このため教育科目の再構成と各科目内容の充実をもって，司書養成の充実を図ることになった。ここに「図書館法施行規則」の改正による教育科目の再構成が行われたが，一方，各科目の内容の充実は開講校と科目担当者に委ねられることとなった。

　このために図書館学の新教育科目群に対応し，科目担当者の努力を助け，補完し，併せて受講者の理解を深め，学習効果を高めるために，充実した各科目専用のテキスト・教材の整備が，従来に増して，必要不可欠になった。

　わが樹村房の「図書館学シリーズ」は昭和56年の刊行以来，わが国の司書養成のための図書館学のテキストとして，抜群の好評を博し，版を重ねた実績をもつ。そこで今回の司書養成の新教育体制への移行に際し，省令の新科目群に対応した「新・図書館学シリーズ」を刊行することとした。

「新・図書館学シリーズ」の刊行にあたっては，基本的に旧「図書館学シリーズ」の基本方針を踏襲した。すなわち，「図書館学は実学である」との理念の下にアカデミズムのもつ観念的内容とプロフェッショナリズムのもつ実証的技術論を統合し，さらに網羅すべき内容を大学教育での時間の枠に納める調整も行った。また養成される司書には，高学歴化，情報化した社会における知的指導者として，幅広い一般教養，語学力，さらに特定分野の主題専門知識も期待されている。本シリーズでは，この困難な要求に応えるべく，単独著者による執筆ではなく，教育と実務の両面について知識と経験を有する複数の著者グループによる討議を通じて執筆するという旧シリーズの方針を踏襲することとした。

　幸いにして，この方針は出版者，木村繁氏の了承されるところとなり，旧「図書館学シリーズ」の編集・執筆に携わった人々の経験と旧シリーズの伝統に加え，さらに新設科目や，内容の更新や高度化に対応すべく，斯界の中堅，気鋭の新人の参加をも得て，最新の情報・知識・理論を盛り込み，ここに「新・図書館学シリーズ」第一期分，12冊を刊行することとなった。

　本シリーズにおける我々の目標は，決して新奇な理論書に偏さず，科目担当者と受講者の将来の図書館への理想と情熱を具体化するため，正統な理論的知識と未知の状況への対応能力を養成するための知的基盤を修得する教材となることにある。本シリーズにより，来るべき時代や社会環境の中での求められる図書館職員の養成に役立つテキストブックが実現できたと自負している。また，併せて，本シリーズは，学生諸君のみならず，図書館職員としての現職の方々にもその職務に関する専門書として役立つことを確信している。読者各位の建設的なご意見やご支援を心からお願い申しあげます。

　　　1997年7月

　　　　　　　　　　　　　　　　　　　　　　　　　　　　監　修　者

序　　文（初版）

　本書は，新図書館学シリーズの第4巻として，平成8年8月に改正された司書講習科目およびそれに相当する大学における司書課程科目のテキストとして執筆した。したがって，改正に際して文部省から示された「司書の講習科目のねらいと内容」に沿うものであること，また，2単位という単位数から想定される授業回数を前提とすることを執筆の方針としている。

　「情報サービス概説」という科目は，この改正で新たに設定された科目であるが，内容的には旧カリキュラムの「参考業務」という科目の延長線上にあると言える。このことは，上記の「司書の講習科目のねらいと内容」からも明らかである。科目のねらいとして，「図書館における情報サービスの意義を明らかにし，レファレンスサービス，情報検索サービス等について総合的に解説する」ことが上げられている。

　科目のねらいにある情報検索サービスについては，旧カリキュラムの「参考業務」の中でも近年は当然触れられていたと思われるが，その詳細は選択科目の「情報管理」という科目で扱われていた。新カリキュラムでは，この「情報管理」が無くなり，その代わりにそれが扱っていた演習的な部分が「情報検索演習」として新設され，また，一部が「情報機器論」という選択科目として残ったと解釈することができる。そして理論的な部分は，「情報サービス概説」の中で総合的に解説することとなった。したがって，「情報サービス概説」に直接関連する演習科目としては，「レファレンスサービス演習」と「情報検索演習」があることになる。

　本シリーズでは，『レファレンスサービス演習』と『情報検索演習』をそれぞれ本書とは別に刊行しているが，それぞれの演習授業を進める際の便宜上，科目の内容としては「情報サービス概説」で扱うことになっている情報源の具体的な解説の部分，すなわちレファレンスブックについての解説および二次資料の作成などについては，『レファレンスサービス演習』の中に，また，データベ

ースの解説などについては,『情報検索演習』の中に収録することとした。実際に授業を進める際には,本書と上記二つの演習のテキストを適宜併用することにより,情報サービスに関する全体の領域を説明することができるはずである。なお,サービスのプロセスについては,重複している部分もあるが,理論と演習とで解説する観点を変えることに努めた。

執筆の分担は,情報サービスの概観と歴史的展開に関する第1章と第2章,および演習につながる利用者の情報探索行動とレファレンスプロセスに関する第7章を渋谷,情報サービスの具体的な機能と内容に関する第3章と第4章を京藤,情報検索サービスの概要に関する第5章を倉田,情報サービスの管理と資源に関する第6章を武田が担当した。

高度情報社会と言われ,情報および情報サービスに対する社会的な需要が高まり,図書館における情報サービスも新たな展開が求められている。また情報の蓄積,伝達,処理などに関連する技術革新の急速な進展により,実際に業務を行う環境も変わりつつある。こうした状況の中で,情報サービスに関する概念や用語も流動化している。しかし,永年,図書館界が蓄積してきた情報サービスの人的,物的そして知的資源は,新しい時代の情報サービスにも十分有効なはずである。本書の執筆者は,図書館が置かれている環境の変化を認識しつつも,情報サービスの原理・原則は変わらないという考えに基づいて解説をしている。なお,本書で扱う図書館・情報学関係の用語については,原則として『学術用語集 図書館情報学編 文部省・日本図書館学会 1997』に準拠することとした。

最後に,本書の刊行に際して,適切な助言をしていただいた監修者の高山正也,故前島重方両先生,そしてわれわれ執筆者を常に励ましていただいた樹村房木村繁社長と編集スタッフの皆様に厚くお礼を申し上げる。

1998年2月

執筆者代表 渋谷 嘉彦

改訂版への序文

　本書の初版が平成10(1998)年3月に「新・図書館学シリーズ」の第4巻として刊行されてから，ちょうど6年が経過した。さらに本書の内容的な系譜をさかのぼれば，旧「図書館学シリーズ」の「参考業務及び演習」ということになるが，これの初版が昭和57(1982)年，改訂版が昭和63(1988)年であった。旧シリーズの初版から数えれば20年余が経過したことになる。この間，図書館を取り巻く環境が大きく変わり，図書館サービスの内容と方法に変革を迫る状況が現出している。本書が扱う情報サービスについていえば，本書の初版が出版された平成10年以降の，特にインターネットの全世界的な普及の影響が大きい。

　初版の序文に「本書の執筆者は，図書館が置かれている環境の変化を認識しつつも，情報サービスの原理・原則は変わらないという考えに基づいて解説をしている。」とあり，この考えは今回の改訂に際しても変更はないが，具体的なサービスの内容と様式については，加筆，修正等が必要であると判断した。

　初版と大きく異なる点は，情報源に関する部分である。第7章として「各種情報源の特徴と利用法」を加えた。初版では『レファレンスサービス演習』および『情報検索演習』の中に収録することとしたが，メディアの転換が急速に進行しつつある現状において，各情報源の特性については理解を深める必要があるとの考えから，内容的な重複を予測しつつも本書に収録することとした。

　他の章に関しては，先に述べたように具体的なサービス内容と図書館としての取り組みの変化に対応して，それぞれ手を加えることとし，幸い筆者を除けば新進気鋭の執筆者に担当してもらうことができた。もちろん改訂版ということで，初版に負うところは少なくないが，しかるべく対応ができたと思う。

　執筆の分担は，第1章，第2章および第6章が渋谷，第3章および第4章が杉江，第5章が梁瀬，そして第7章が大庭である。読者各位，特に科目を担当される先生方のご批判・ご助言をお願い申し上げます。

　2004年2月

執筆者代表　渋谷　嘉彦

以下に「改訂情報サービス概説」目次を示す。

「改訂情報サービス概説」 もくじ

第1章 情報サービスとはなにか……1

1. 図書館の機能とサービス……1
2. 図書館における情報サービスの概要……3
3. 情報社会と情報サービスの概念……6
   (1) 情報社会とはなにか……6
   (2) 情報サービスの概念……9
   (3) 図書館における情報サービスの概念……11

第2章 情報サービスの歴史と現状……18

1. 米国における情報サービスの発生と展開……18
   (1) 初期のレファレンスサービス──人的援助の提言……18
   (2) レファレンスサービスの定着と発展……21
   (3) レファレンスサービスに対する三つのアプローチ……25
2. わが国への導入と展開……28
   (1) 明治・大正・昭和期（第二次世界大戦まで）の状況……28
   (2) 第二次世界大戦後の状況……31
   (3) わが国のサービスの現状と課題……37
   (4) 情報サービスの今後の展望……40

第3章 情報サービスの実際──さまざまな情報サービス……45

1. 情報サービスを構成する要素……45
   (1) 利用者……45
   (2) 情報源……47
   (3) 図書館員……48

２．情報サービスを構成するさまざまなサービス……………………49
　　　（1）直接的サービス……………………………………………………50
　　　　　ａ．情報提供………………………………………………………51
　　　　　　　① 質問回答……………………………………………………51
　　　　　　　② 書誌情報の確認から図書館相互貸借…………53
　　　　　　　③ レフェラルサービス………………………………………54
　　　　　ｂ．情報源選択に対する継続的援助……………………………55
　　　　　　　① 読書相談サービス…………………………………………56
　　　　　　　② カレントアウェアネスサービス………………57
　　　　　ｃ．利用教育………………………………………………………57
　　　　　　　① 1対1の利用教育…………………………………………58
　　　　　　　② グループ対象の利用教育…………………………………59
　　　（2）間接的サービス……………………………………………………59
　　　　　ａ．調べるための環境の整備……………………………………60
　　　　　ｂ．情報サービスのための情報源の構築………………………62
　　　　　ｃ．図書館間の相互協力とネットワークの形成………………63
　　３．各種図書館と情報サービス………………………………………64
　　　　　ａ．公共図書館……………………………………………………64
　　　　　ｂ．大学図書館……………………………………………………65
　　　　　ｃ．専門図書館……………………………………………………65
　　　　　ｄ．学校図書館……………………………………………………66

第4章　情報検索と情報検索システム…………………………………………67

　　１．情報検索の定義と種類……………………………………………………67
　　　（1）情報検索とは………………………………………………………67
　　　（2）検索対象から見た情報検索の種類………………………………68
　　　　　ａ．書誌情報検索…………………………………………………69
　　　　　ｂ．全文（フルテキスト）検索…………………………………69

　　　　　　　ｃ．事実（ファクト）検索…………………………………70
　　　（3）検索形態から見た情報検索の種類……………………………71
　　　　　　　ａ．マニュアル検索……………………………………………71
　　　　　　　ｂ．コンピュータ検索…………………………………………71
　２．情報検索システムの構成とデータベース………………………………73
　　　（1）情報検索システムにおける蓄積過程…………………………74
　　　　　　　ａ．索引語………………………………………………………75
　　　　　　　ｂ．シソーラス…………………………………………………77
　　　（2）情報検索システムにおける検索過程…………………………79
　　　（3）商用データベース作成から提供までに現われる諸要素……82
　３．図書館における情報検索システム………………………………………83

第5章　情報サービスの組織と資源……………………………………86

　１．組織と情報サービス………………………………………………………86
　　　（1）組織の中での位置づけ…………………………………………86
　　　　　　　ａ．館種別にみる組織図………………………………………87
　　　　　　　ｂ．規模別にみる組織図………………………………………94
　　　（2）情報サービスと図書館職員……………………………………95
　　　　　　　ａ．人的配置と構成員…………………………………………96
　　　　　　　ｂ．求められる資質……………………………………………96
　　　　　　　ｃ．スキルアップのための研修………………………………97
　２．情報サービスと情報資源…………………………………………………98
　　　（1）物的資源…………………………………………………………98
　　　　　　　ａ．レファレンス・コレクション……………………………98
　　　　　　　ｂ．一般図書コレクション……………………………………99
　　　　　　　ｃ．逐次刊行物コレクション……………………………… 100
　　　　　　　ｄ．インフォメーション・ファイル……………………… 100
　　　　　　　ｅ．自館ファイル…………………………………………… 100

　　　　　　　ｆ．レファレンス記録資料……………………………………… 100
　　　　(2) 人的資源……………………………………………………………… 101
　　　　(3) ネットワーク資源………………………………………………… 101
　　３．情報サービスの収集と運用……………………………………………… 102
　　　　(1) 情報収集方法……………………………………………………… 102
　　　　　　　ａ．選定ツール………………………………………………… 102
　　　　　　　ｂ．選定方法…………………………………………………… 103
　　　　(2) 情報サービスの運用……………………………………………… 105
　　　　(3) 情報サービスの評価……………………………………………… 106
　　　　　　　ａ．回答の評価………………………………………………… 106
　　　　　　　ｂ．レファレンス資料の評価………………………………… 107
　　　　　　　ｃ．情報検索結果の評価……………………………………… 107
　　　　(4) 発案から実現へ向けて…………………………………………… 107

第６章　情報探索行動とレファレンスプロセス……………………………… 110

　　１．レファレンスプロセスとはなにか…………………………………… 110
　　　　(1) レファレンスプロセスの概念…………………………………… 110
　　　　(2) レファレンスプロセスのモデル………………………………… 112
　　２．利用者の情報探索行動と情報要求の構造…………………………… 113
　　　　(1) 図書館における情報探索行動…………………………………… 113
　　　　(2) 利用者の情報要求の構造………………………………………… 116
　　３．レファレンスプロセス………………………………………………… 119
　　　　(1) レファレンス質問の受付………………………………………… 119
　　　　(2) 質問内容の明確化………………………………………………… 121
　　　　(3) 質問内容の分析と解釈…………………………………………… 123
　　　　(4) 探索方針の決定と探索の実行…………………………………… 127
　　　　(5) レファレンス質問の回答………………………………………… 128
　　　　(6) レファレンスインタビュー……………………………………… 131

第7章 各種情報源の特徴と利用法………………………………… 136

1．情報サービスにおける情報源の多様化…………………… 136
2．情報サービスにおける各種情報源の特徴………………… 137
　(1)　レファレンスブック………………………………… 137
　(2)　データベース………………………………………… 140
　(3)　インターネット上の情報…………………………… 144
3．情報サービスにおける各種情報源の利用法……………… 148
　(1)　図書情報の探索……………………………………… 149
　(2)　雑誌情報の探索……………………………………… 152
　(3)　新聞記事の探索……………………………………… 154
　(4)　レファレンス事例集………………………………… 155
4．情報サービスにおける各種情報源の最新動向を学ぶために…… 156

参考文献………………………………………………………………… 158
資料Ⅰ　(ALA)情報消費者のための情報サービス：[ガイドライン] …… 159
資料Ⅱ　「参考事務規程」……………………………………………… 167

第1章　情報サービスとはなにか

1．図書館の機能とサービス

　図書館における「情報サービス」について十分に理解するためには，まずその前提として，図書館全体の機能と，その機能を実現するためになされる各種のサービスの意義について確認しておく必要がある。そうすることによって，各種のサービスの中で情報サービスが果たすべき役割と，その意義が明らかになるはずである。

　図書館が社会の中で果たしている役割，すなわちその社会的機能については，公共図書館，学校図書館，大学図書館，専門図書館等，館種によってそれぞれ設置目的が違い，当然その目的を実現するための機能も異なることになるが，館種の違いを超えて共通する図書館システムとしての機能を，最も簡潔に表現するとすれば，図書館が扱う資料や情報と図書館利用者とを結びつける働きということになろう。この機能をここでは図書館の仲介機能と名付けておくこととする。この仲介機能を果たすために図書館では，資料を選択・収集し，蔵書として受け入れ，整理（組織化）し，利用者の利用に供する業務を行っている。また，何らかの目的で情報を求めている利用者に対して，図書館員が利用者の探索行動の援助をしたり，もっと積極的に探索の代行をして情報そのものを提供することも，この仲介機能に含まれる。

　仲介機能を果たすための業務の具体的な内容を，「図書館法」ではどのように規定しているか，同法第3条（図書館奉仕）に列記された，いわゆる実施事項で見ておこう。

　（図書館奉仕）
　第3条　図書館は，図書館奉仕のため，土地の事情及び一般公衆の希望にそ

い，更に学校教育を援助し得るように留意し，おおむね左の各号に掲げる事項の実施に努めなければならない。

1　郷土資料，地方行政資料，美術品，レコード，フィルムの収集にも十分留意して，図書，記録，視覚聴覚教育の資料その他必要な資料（以下「図書館資料」という。）を収集し，一般公衆の利用に供すること。
2　図書館資料の分類排列を適切にし，及びその目録を整備すること。
3　図書館の職員が図書館資料について十分な知識を持ち，その利用のための相談に応ずるようにすること。
4　他の図書館，国立国会図書館，地方公共団体の議会に附置する図書室及び学校に附属する図書館又は図書室と緊密に連絡し，協力し，図書館資料の相互貸借を行うこと。
5　分館，閲覧所，配本所等を設置し，及び自動車文庫，貸出文庫の巡回を行うこと。
6　読書会，研究会，鑑賞会，映写会，資料展示会等を主催し，及びその奨励を行うこと。
7　時事に関する情報及び参考資料を紹介し，及び提供すること。
8　学校，博物館，公民館，研究所等と緊密に連絡し，協力すること。

「図書館法」が対象にしているのは公共図書館であり，他の館種の図書館については，その設置目的により実施事項の具体的内容が異なることになるが，収集，組織化，提供という仲介機能の基本は共通である。

そして，この仲介機能を果たすために行われる図書館業務の全体が**図書館サービス**である。図書館サービスとは，図書館の機能を遂行するためになされる業務のことをいい，この意味では図書館業務と同義であると考えてよい。ただし，日常一般的に「図書館サービス」という用語を用いる場合には，利用者に資料を提供することや，情報探索に対する援助，あるいは読書会，資料展示会等の開催に関わるサービスを指していることが多い。英語では public service というが，利用者にとっては直接的なサービスであり，利用者から見えるサービスで

ある。

　これに対して，資料の収集，組織化等，通常は図書館の事務室の中で行われ，利用者から見えない業務も，上記の直接的サービスを行う前提として必要な業務であり，広い意味でのサービスである。特に仲介機能という点から考えるとすれば，不可欠な基本的業務であるといえよう。この利用者にとっては間接的なサービスを，英語では technical service という。したがって，広義に図書館サービスという場合には，この間接的なサービスを含めて，上記のように図書館の仲介機能を果たすために行われる図書館業務の全体を含むものと考えるべきである。

　新しい司書講習科目の中で，主として利用者と直接かかわる図書館サービス，すなわち狭義の図書館サービスについて解説するのが，「図書館サービス論」という科目である。具体的には，貸出，読書案内，情報サービス，利用者援助，教育・文化活動などのサービスを扱うこととされている。なお，本書で解説する「情報サービス」は，この利用者に直接かかわる狭い意味での図書館サービスの種類の一つであるが，現代の情報社会において図書館が果たすべき仲介機能の中で「情報サービス」の重要性が増していることと，その業務を遂行することに関して学習する内容が広範にわたることから，独立の科目（「情報サービス概説」）として設定されているのである。

2．図書館における情報サービスの概要

　次に，本書で扱う図書館における情報サービスの範囲と内容について概観しておくことにする。

　1996年に改訂された司書講習科目の「情報サービス概説」について，当時の文部省（現在の文部科学省）が示した指針「司書の講習科目のねらいと内容」によると，科目のねらいは「図書館における情報サービスの意義を明らかにし，レファレンスサービス，情報検索サービス等について総合的に解説する。」となっており，また，科目内容の中に掲げられている情報サービスの種類は，レファ

レンスサービス，レフェラルサービス，カレントアウェアネスサービス等となっている。

　この三つのサービスの具体的内容については第3章で詳述することになるので，ここではとりあえず簡単に説明しておくことにする。**レファレンスサービス**（reference service）とは，何らかの目的で情報を求めている図書館利用者に対して，図書館員が直接的，人的に行う援助のことで，利用者が図書館資料にアクセス（access）する際に行う利用援助と，利用者のレファレンス質問（reference question）に対して調査，回答を行うことが，基本的なサービス内容である。**レフェラルサービス**（referral service）は，直接的な情報そのものの提供ではなく，自館外の情報源を紹介するサービスである。そして，**カレントアウェアネスサービス**（current awareness service）は，最新の文献情報を継続的に提供するサービスである。

　カリキュラム改訂前の科目の中には「参考業務」という科目があり，用語としてはこれがレファレンスサービスに対応するが，実際の講義内容としては，科目担当者によって重点の置き方に違いがあるとしても，当時から比較的新しいサービス形態である上記のレフェラルサービスおよびカレントアウェアネスサービスを，レファレンスサービスのサービス形態の中に含めて扱っていたと言えるであろう。また後述するように，レファレンスサービスと情報サービスを特に区別せずに，ほとんど同じ意味で用いる場合もある。したがって，カリキュラム改訂前の「参考業務」という科目と，改定後の「情報サービス概説」という科目は，用語の違いはあるものの，内容的にはほとんど重なると解釈することもできる。

　しかし一方，伝統的なレファレンスサービスが，基本的にはサービスを行う当該図書館の所蔵資料あるいはその資料を典拠とする情報を，利用者の求めに応じて図書館員が直接的に仲介するサービスであるのに対して，レフェラルサービスとカレントアウェアネスサービスは，仲介する情報源を空間的また時間的に拡大し，図書館外の情報源，あるいは現時点から近未来的に想定された情報源と利用者を，より積極的，能動的に仲介するサービスであるという点で，異

質な面があることも確かである。すなわち,レフェラルサービスとカレントアウェアネスサービスを,従来のレファレンスサービスの下位概念に含めるよりも,むしろこれら三つのサービスを包摂する上位概念として情報サービスを設定する考え方もできる。新しい科目名に情報サービスという用語が採用されたのは,前述の文部科学省の指針「司書の講習科目のねらいと内容」から見ると,こうした考え方によるものと推察される。

　本書においても情報サービスの内容と区分に関しては基本的にはこの指針の考え方に従っている。しかし,実際のサービスの展開を歴史的に見れば,サービス内容の拡がりに対応してサービス名称も変化してきたことになるので,レファレンスサービスと情報サービスを連続するものとして,あるいは同じ意味で使用することも場合によっては必要になる。米国ではこのサービスの拡がりに対応して,reference service という用語に代えて,次第に information service という用語が使用されるようになってきたことから,後に紹介するアメリカ図書館協会の『用語集』(1983) では,見出し語としては information service を採用しているが,定義では reference service と同義であるとしている。したがって,本書でも第2章の歴史および第3章のサービスの種類と内容については,このような歴史的な流れ,すなわち連続性を基調にした説明となっている。

　また,今回のカリキュラム改訂によって「情報管理」という科目が無くなったが,その科目内容の大半は「情報サービス概説」および新設された「情報検索演習」に分割,吸収されたと解釈することができる。そしてこのことは,図書館・情報学 (library and information science) という言い方に象徴されるように,伝統的な図書館学(librarianship)とドキュメンテーション(documentation)の領域を隔てていた境界線が,情報化の進展によって不分明になり,両者が融合しつつあることの結果であると見ることもできよう。具体的には,「情報管理」で主として扱われていた情報検索に関する内容が,「情報サービス概説」に含まれている。この意味では,改訂前の「参考業務」と改定後の「情報サービス概説」の間には,科目の性格および範囲に関して一定の相異点があるともいえよう。

なお，新カリキュラムの中で「情報サービス」に直接関連する科目は，「情報サービス概説」,「レファレンスサービス演習」および「情報検索演習」である。三つの科目の関係は，先に引用した文部科学省の科目のねらいにあるように，レファレンスサービスと情報検索サービスに関する理論的な面を「情報サービス概説」が，そして二つのサービスの実際的な面をそれぞれの演習科目が扱うことになっているわけである。したがって，この三つの科目については，特に有機的に関連させて学習する必要がある。

3．情報社会と情報サービスの概念

（1） 情報社会とはなにか

　現代社会は，特にわが国を含む先進諸国においては，情報社会であるといわれている。わが国において情報社会論（あるいは情報化社会論とも呼ばれる）が論壇で盛んに論じられるようになったのは，1970年代の初頭である。それより以前1960年代の後半から，工業社会の後に続く高度産業社会について脱工業化社会（post-industrial society）ということばで言い表わすことが行われていたが，1968年に東京で開かれた日米未来学者のシンポジウムで，日本側からこの脱工業化社会を情報化社会と呼ぶことが提案，採択され，次第に情報（化）社会ということばが定着したとされている[1]。当時の論調は，物財（ハード）から情報財（ソフト）へ，あるいは実用的機能から情報的機能へ，社会の価値観が比重を移行させていくことを論じたもので，いわば未来学的な産業社会論が主流であった。

　しかし，1973年のオイルショックに始まる高度成長時代の終焉とその後の低成長時代の開始により，楽観的なバラ色の情報社会論は次第に影をひそめるこ

---

1) 日本情報通信振興協会編：ニューメディア白書　日本経済新聞社　1984　p.8.
　　詳細については次の文献を参照のこと．伊藤陽一：情報社会論　その系譜と理論的諸課題（リーディングス情報社会　公文俊平編　NTT出版　2003).

3. 情報社会と情報サービスの概念

ととなる。

一方，1983年10月，ＮＨＫテレビの文字多重放送（テレテキスト）の開始，同年11月，都市型ＣＡＴＶ局第1号の設置認可，1984年1月，放送衛星ゆり2号aの打ち上げ，そして同年10月から，日本電信電話公社による高度情報通信システム（INS）モデル実験が三鷹，武蔵野両市で開始され，ＣＡＰＴＡＩＮシステム（ビデオテックス）が導入されたことなどから，1984年が「ニューメディア元年」と称されている。

この頃，産業界ではニューメディア・フィーバーが起こり，マスメディアでも高度情報社会の到来が盛んに報道された。このニューメディア・フィーバーの経済的要因は，物財（自動車，家庭電化製品等の耐久消費財）が飽和状態になり，売れなくなって，その代わりとして情報財を商品化する必要が出てきたこと，また，合理化による余剰人口の受け皿として情報産業の振興が必要とされたことである。しかし，期待されて登場した各種のニューメディアは，もともと社会的需要からではなく，むしろ需要を喚起するための種まき効果が企図されていたという色彩が強く，すぐに広く普及して社会生活に大きく影響を及ぼす事態にはならなかった。

1990年代に入って，高度情報社会のキーワードはニューメディアからマルチメディアとなった。1993年に創刊された『マルチメディア白書　1993』[1]で紹介されている『ニューメディア白書　1992年度版』[2]によるマルチメディアの定義は次のとおりである。

> マルチメディアとは，文字・データ・音声・映像等の多くのメディアをコンピュータを介して，人間と機械がやりとりしながら，検索・抽出・更新・編集をおこなうもの。

ニューメディアからマルチメディアへ，再び産業界のフィーバーが起きているが，今回は前回よりは現実味があるといえるであろう。その根拠は，情報処理と情報通信分野での技術革新とハードウェアの普及が，社会の各方面での情

---

1 ）マルチメディアソフト振興協会編：マルチメディア白書1993　通商産業省監修　1993.
2 ）日本情報通信振興協会編：ニューメディア白書1992年度版　郵政省監修　1992.

報化を推進したことである。この間のコンピュータの性能の拡大とパソコンの普及,そして光ファイバー・ケーブルの全国的敷設(ふせつ)など情報通信手段の基盤整備が,ようやく高度情報社会に必要な環境を作り出しつつある。特に家庭用VTRを始めとして,CD,CD-ROM,最近のDVD(digital versatile disc)などパッケージ型メディアと,パソコンを情報端末としたインターネットの家庭での利用が社会生活に及ぼす影響は大きいと考えられる。

　こうした状況を踏まえて,政府は2000年7月,内閣に「情報通信技術(IT)戦略本部」を設置し,その下に有識者で構成される「IT戦略会議」を置いた。IT戦略会議は同年11月に「IT基本戦略」を決定。また,同月「高度情報通信ネットワーク社会形成基本法」(2001年1月6日施行)が制定された。同法では,「高度情報通信ネットワーク社会」を「インターネットその他の高度情報通信ネットワークを通じて自由且つ安全に多様な情報又は知識を世界的規模で入手し,共有し,又は発信することにより,あらゆる分野における創造的かつ活力ある発展が可能となる社会」と定義している。さらに2001年1月22日,IT戦略本部が「e-Japan戦略」を決定した。

　この「e-Japan戦略」では,「我が国は,21世紀を迎え,すべての国民が情報通信技術(IT)を積極的に活用し,かつその恩恵を最大限に享受できる知識創発型社会の実現に向けて,既存の制度,慣行,権益にしばられず,早急に革命的かつ現実的な対応を行わなければならない。超高速インターネット網の整備とインターネット常時接続の早期実現,電子商取引ルールの整備,電子政府の実現,新時代に向けた人材育成等を通じて,市場原理に基づき民間が最大限に活力を発揮できる環境を整備し,我が国が5年以内に世界最先端のIT国家となることを目指す。」と述べられている。また,IT革命の歴史的意義について,IT革命は産業革命に匹敵する歴史的大転換を社会にもたらし,ITの進歩によって知識の相互連鎖的な進化が高度な付加価値を生み出す知識創発型社会に移行する,としている。なお,「IT革命」という語は2000年の日本新語・流行語大賞にもなった。

（2） 情報サービスの概念

　情報社会においては，社会生活資源としての情報の価値が重要視され，また実際に社会生活に大きな影響を与えることから，社会のあらゆる分野で情報サービスが脚光を浴びることになるのは当然であろう。その情報サービスについて述べる前に，まず情報という語とその概念について整理しておこう。

　「情報」という語について，『日本国語大辞典』第2版第7巻（小学館　2001）では，次の二つの意味を挙げている。

　① 事柄の内容，様子。また，その知らせ。
　② 状況に関する知識に変化をもたらすもの。文字，数字などの記号，音声など，いろいろの媒体によって伝えられる。インフォメーション。

　そして，①の意味の一番古い用例として，森鷗外の小説『藤鞆絵』（1911）から「佐藤君は第三の情報を得た」を引用している。また，②の意味に関連して，語誌の(3)で「現在のようにinformationと緊密に結びつくようになったのは，1950年代半ばに確立したinformation theoryが，〈情報理論〉と訳され，普及したことによる。」としている。

　鷗外は，小説『藤鞆絵』より前に，プロイセンの将軍で軍事思想家であったクラウゼヴィツ（Karl von Clausewitz, 1780-1831）の主著である戦争論を『戦論（大戦学理）』（1903）として翻訳した中で，ドイツ語のNachrichtの訳語として「情報」という語を用いている。しかし，さらにそれ以前に陸軍内部で「情報」という語は用いられていたようで，酒井忠恕少佐が明治9（1876）年に翻訳した『仏国歩兵陣中用務実地演習軌典』が最初であると報告されている[1]。

　情報社会と呼ばれる今日の社会において，情報の概念はさまざまな分野で使われており，「情報の確定的な定義はまだなされていない。情報を漠然と，理性的な存在としての人間が特定目的に対してもつ知識，意味とする理解は，きわ

　1）仲本秀四郎：情報を考える（リーディングス情報社会　公文俊平編　NTT出版　2003）．

めて狭い理解である。情報現象は生物や機械や社会組織といった系にも認められ，ウィーナのサイバネティックスの構想以来，情報概念は再検討され，物質，エネルギーと並ぶ位置を与えられている。」[1] といった具合である。

情報概念について，香山健一は次のように整理している[2]。

> 情報概念は最広義，広義，狭義，三つの抽象レベルにおいて用いられている。それらは，
> ① 最広義の概念＝物質・エネルギーの一切のパターン
> ② 広義の概念＝自己保存システム（生体系・機械系・人間系・社会系を含む）一般において，システムの特定の目的に対して意味のある記号ならびに記号の系列
> ③ 狭義の概念＝人間や社会組織のある特定の目的に対して意味のある記号ならびに記号の系列
> の三つである。③から②，①と進むにしたがって抽象度が高くなっている。

情報サービスという場合の情報概念は，人間社会のコミュニケーション・プロセスにおいて，発信者から何らかの媒体（メディア）を通して受信者に伝えられるものという点で，上記の分け方に従えば③のレベルの概念である。

英語のinformationの概念について，福沢諭吉は明治12(1879)年刊行の『民情一新』の中で，智の一種として紹介している[3]。すなわち，智は「事物の理を考へて工夫する義のみに非ず，聞見を博くして事物の有様を知ると云ふ意味にも取る可し，即ち英語にて云へば〈インフヲルメーション〉の義に解して可ならん。」とし，「而して今，人の聞見を博くするが為に最も有力にして其働の最も広大なるものは，印刷と郵便の右に出るものある可らず。」と述べている。

そして，福沢の卓見は，「西洋諸国の文明開化は徳教にも在らず文学にも在らず又理論にも在らざるなり。然ば則ち之を何処に求めて可ならん。余を以て之

───────────────

1) 哲学事典　改訂新版　平凡社　1971　p.717.
2) 香山健一：情報社会論序説　別冊中央公論経営問題　7(4)　1968　p.88.
3) 福沢諭吉全集　第5巻　岩波書店　1959　p.26.

を見れば其人民交通の便に在りと云はざるを得ず。」[1]として，当時の西洋諸国の文明開化の所以を喝破したところにある。福沢がいう交通には，人とか物の移動を意味する物質的交通と，コミュニケーションを意味する精神的交通の両面が含まれており，「蒸気船車，電信，印刷，郵便の四者は千八百年代の発明工夫にして，社会の心情を変動するの利器なり。」[2]としている。近代社会を成立させている要因および情報の意義に関する福沢の指摘は，情報社会といわれる現代社会にも通じることで，物質的および精神的交通の手段，すなわち媒体（メディア）の高度化を別にすれば，特に付け加えて説明する必要がないほどである。

福沢に倣って情報を「事物の有様についての知」と解すれば，それを伝える行為のすべてが情報サービスであるとも言える。先に述べたように，社会生活資源として情報の価値が重要視されようになり，同時に実際の社会生活において日常の意思決定や他人からの差異化(個性化)に情報が大きな影響力をもつ時代になった。朝起きてから夜寝るまでの間に，われわれは実に多くの情報を利用している。気象情報，交通情報，仕事に関わる情報，買い物情報，レジャー情報，生涯学習情報，就職・アルバイト情報など枚挙に暇がないほどである。そして，これらの情報を組織的に提供する機関が次々に設立され，各種の媒体（メディア）を通して情報サービスを行っている。情報社会は，情報が商品化され，情報サービスが産業として成立する社会でもある。特に最近のインターネットを介して提供される情報サービスは，社会生活に大きな影響をもたらしつつあるといえよう。

（3） 図書館における情報サービスの概念

図書館における情報サービスも，広い意味では上記の情報サービスの一種である。フォスケット（D. J. Foskett）は，「ある意味で，図書館はこれまでも常に情報サービス機関（Information Services）であった。というのも，情報とい

---

1) （前掲）福沢諭吉全集 第5巻 p.5.
2) 同上書 p.24.

う用語は，他人に系統的に知識を伝える者は誰でもインフォメーション・オフィサー（Information Officer）と呼びうるような広い意味を含んでいるからである。」[1]と述べ，さらに「情報サービスの社会的機能は，ある特定の事項について知られていることを探し出し，そのことについて質問者から求められたものを，質問者の知識の間隙を埋めるために提供することである」[2]。と述べている。

ここで，図書館における情報サービスの概念について，もう一度整理しておこう。①情報サービスと②レファレンスサービスの概念をどのように定義するか，特に両者の関係をどのように捉えるかについては，いろいろな解釈が可能である。①と②を同義とする考え方，①を②の下位概念とする考え方，そして逆に①を②の上位概念とする考え方がある。本書では第2節で述べたように，3番目の考え方に立っているが，この項では情報サービスの概念の歴史的変遷を，また，次の第2章ではサービス内容の歴史的発展を概観することになるので，①と②を同義のものとして，あるいは②から①へ連続的に変化したものとして扱うこととする。

次に情報サービスの概念を，その定義の変遷をたどって見ていくことにするが，特に米国におけるサービスの歴史的発展との関連で，具体的にはレファレンスサービスの概念（用語）と定義がどのように変化してきたかを概観することにする。

制度化された近代的レファレンスサービスの起源は，1876年に米国のウスター公共図書館館長であったグリーン（S. S. Green）が提唱した人的援助であったとされている。しかし，この時グリーンはこのサービスに固有の名称を用いたわけではなく，一般的な利用者援助（aid to readers）という用語を用いた。

この後しばらくして「レファレンスワーク」（reference work）という用語が使われるようになるが，それに文献で確認できる最初の説明的な定義をしたのは，チャイルド（William B. Child）であると言われている。レファレンスワークの初期の定義として，チャイルドとクレーガー（Alice Kroeger）の定義を見

---

1) *Information service in libraries*. 2nd ed. by D. J. Foskett. Crosby Lockwood, 1967. p.1.
2) 同上書。

ておこう。

1) チャイルド William B. Child : *Reference work at the Columbia College Library*. (Library Journal XVI, Oct., 1891, p.298)

　　レファレンスワークが意味するところは，簡単に言えば利用者に複雑な目録について熟知させたり，質問に答えたり，要するに図書館員が管理している図書館資料へのアクセスを容易にするために出来る限りのことをするなど，利用者に対して図書館員が提供する援助のことである。

2) クレーガー Alice Bertha Kroeger : *Guide to the Study and Use of Reference Books*. Boston, Houghton, Mifflin Co., 1902, p.3

　　［レファレンスワークとは，］利用者が図書館資料を利用する際に提供される援助である。

　これら初期の定義に特徴的なことは，利用者が図書館の蔵書を自分で利用しようとする際になされる援助という点である。即ちレファレンスワークの出発点は利用援助（指導）にあったといえよう。次に米国においてレファレンスワークが図書館サービスとして定着した段階の定義として，ビショップ（William Warner Bishop）とワイヤー（James Ingersoll Wyer）の定義を見てみよう。

3) ビショップ William Warner Bishop : *The theory of reference work*. (Bulletin of the American Library Association IX, July, 1915, p.134)

　　［レファレンスワークとは］何らかの研究の援助として図書館員によって提供されるサービスである。それは研究そのものではない。研究そのものは利用者によってなされるのである。何らかの研究調査に従事している利用者に提供される援助を意味するのがレファレンスワークなのである。

4) ワイヤー James Ingersoll Wyer : *Reference Work*. Chicago, American Library Association, 1930, p.4.

　　研究・調査のために図書館の蔵書を説明（interpret）する際の，思いやりのあるまた博識な人的援助。

この二つの定義に共通しているのは，研究・調査をする利用者に対する援助ということであるが，当時このサービスの対象となった利用者層を反映しているのであろう。またこれらの定義は，大正から昭和初期にこのサービスを紹介，提唱したわが国の図書館員の典拠にもなった。

5）毛利宮彦：個人と公衆図書館（図書館雑誌 29, 1917. 2, p. 39）

　　レフェレンス・ワークと謂ふのは，かう云ふ種類の本をみたいのだがどう云ふものをみればいゝだろうとか，かう云ふ事実を調べたいがどう云ふ本をみればいゝだろうとか，と云ふ様な様々の質問に応じて，館員が夫々適当と思はるゝ図書を提供し，またそれについて指導するのである。但し茲で忘れてはならないのは此レフェレンスライブラリアンは飽く迄読者に対して従属的，補助的であらねばならぬと云ふことである。

6）今沢慈海：参考図書使用法及び図書館における参考事務（図書館雑誌 55, 1924. 3, p. 3.）

　　図書館に於ける参考事務とは，閲覧人の希望に応じて所要の図書を捜索供給し，彼の研究調査に助力を与ふることで，これは公共図書館に於ける教育事業の主要部分を為すものである。

米国におけるレファレンスワークは，第二次世界大戦頃までに，固有のサービスとしてさらに拡大，普及して行ったが，そのことを反映してサービス概念も拡大，整理されて，より一般的で本質的な定義がなされるようになる。

7）*A. L. A. Glossary of Library Terms*. Chicago, American Library Association, 1943.

　　利用者が，情報（information）を入手したり，また研究・調査のために図書館資料を利用する際に，利用者に対してなされる援助に直接関わる図書館業務の一面をいう。

8）マッコーム Charles F. McCombs：*The reference function in the large public library*. (in The Reference Function of the Library ed. by Pierce Butler. Chicago, University of Chicago Press, 1943, p. 16, 17)

レファレンスワークは，何らかの研究あるいは他の特別な目的のために必要とする図書や事実を見つけ出す際に，図書館員によって利用者に提供される援助，と定義できよう。

9) ハッチンス Margaret Hutchins：*Introduction to Reference Work*. Chicago, American Library Association, 1944, p.10.

　　［レファレンスワークとは,］どんな目的であれ，利用者が情報を探す際に図書館のなかで提供される直接的で，個人的な援助である。

10) ショアーズ Louis Shores：*Basic Reference Sources*. Chicago, American Library Association, 1954, p.2.

　　レファレンスは，図書館の蔵書を利用者に説明する（interpret）部門をいう。レファレンス部門は第一義的には貸出をしない図書館資料に責任を持っているが，その説明的機能の遂行においては，図書館の全蔵書とさらに館外の資源をも利用することがあり得る。

これらの定義に特徴的なことは，一つは利用者の目的を研究・調査以外にまで拡大したことである。これは，サービスの普及と，利用者層の拡大を意味するものであろう。またショアーズの場合には，情報源の拡大が提起されていることが注目される。なお，ワイヤーとショアーズが interpret という語を使っているが，この語の語源であるラテン語の意味は"二者間の仲介人となる"であり，原義を借りて利用者と図書館の蔵書を仲介すると訳した方が，理解しやすいかもしれない。

ロースティーン（Samuel Rothstein）は，先人たちの諸定義を総括して，「レファレンス・ワークの本質的特徴は**情報を求めている個々の利用者に対して図書館員の提供する人的援助**であるという一般的合意が一本の共通の糸として貫かれている」[1]と述べている。ロースティーンは，さらに，レファレンスワーク（reference work）とレファレンスサービス（reference service）の概念を明

---

1) サミュエル・ロースティーン著，長沢雅男監訳：レファレンスサービスの発達　日本図書館協会　1979　p.13.

確に区別すべきであることを主張して，次のように述べている[1]。「レファレンス・サービスというのは情報を求めている個々の利用者に図書館員が提供する人的援助だけでなく，図書館の側がこのような援助を遂行する責任と，その目的のための特別な組織を明確に認めることを意味しているからである。」そして，続けて「レファレンス・サービスの識別規準」として次の3点を挙げている。

① 情報を求める個々の利用者に対して，図書館員が人的援助を提供すること。
② このような援助が教育的な機関としての図書館の責務を遂行するのに不可欠な手段であることを図書館が認識し，そのような援助を提供する確固たる責任をもつこと。
③ こうした援助を提供するために，レファレンス・ワークの技術を特別に身につけた人びとから構成される特定の運営組織単位が存在すること。

　レファレンスワークを①のように定義して，しかもレファレンスサービスと同義であるとすると，現代の図書館はもちろんのこと，極端に言えば，古代の図書館でも，利用者と図書館員との関わりの中で何らかの形でこのサービスを行っていたことになるであろう。そこで，①に加えて②と③の条件を満たしている場合にのみ，レファレンスサービスを行っていると言い得ることにすべきであるとする彼の提言は，意義のあることだと言えよう。しかし，彼の主張が米国の図書館界全体に受け入れられたわけではない。実際にはほとんど同じ意味で用いたり，あるいは間接的業務を含めてレファレンスサービスとする考え方もある。

　いずれにしても，ローススティーンが概念的区別を提唱したのは，第二次世界大戦後の図書館サービスの発展に伴い，レファレンスワークよりもレファレンスサービスという用語が多く使用されるようになって来たことを受けて，概念を整理する必要性を認めたからであったとも言える。

　第二次世界大戦後の政治・経済的な状況の変化は，図書館界にも新たな対応を迫るものであった。世界的な工業化の進展と米ソをそれぞれの盟主とする東

---

1) サミュエル・ローススティーン著（前掲書）p.14.

西の冷戦構造下における軍拡競争は，それを支える科学・技術の振興を必要とし，産業界も国もそれに対して巨額な投資を行った。科学・技術研究が活発に行われ，またそのことの当然の結果として科学文献の生産量が飛躍的に増大したことに伴い，文献情報提供サービスへの要求が高まることとなった。そして，こうした要求の高まりから必然的に専門図書館の数が増え，能動的な文献情報提供を行うカレントアウェアネスサービスに積極的に取り組むようになった。

専門図書館の動向は，他の館種の図書館サービスにも大きな影響を与えた。サービスの拡大と質的な高度化が図られることとなり，大学図書館や大規模な公共図書館では，伝統的なレファレンスサービスに加えて情報検索サービスを行うようになった。そして，こうした図書館サービスの拡大を反映して，1960年代になると，両者を合わせて reference and information service（あるいは reference／information service）という言い方が登場した。

1983年にアメリカ図書館協会の『用語集』が40年ぶりに改訂された。この『用語集』で reference service を引くと，「information service を見よ」という参照指示があり，information service の項では，次のような定義がなされている。

11) *The ALA Glossary of Library and Information Science*, ed. by Heartsill Young. Chicago, American Library Association, 1983. [1]

　　情報を求めている図書館利用者に対してレファレンス担当の係員に
　　よって提供される人的援助。reference service と同義。

この定義で見るかぎりでは，上記のカレントアウェアネスサービスなどの情報検索サービスを含めて，伝統的なレファレンスサービスの拡大と捉え，ただし，それと同義としながらも，情報サービスという用語を採用したということになる。

---

1) この用語集は邦訳されている。丸山昭二郎［ほか］監訳：ALA図書館情報学辞典　丸善　1988.

第2章 情報サービスの歴史と現状

1. 米国における情報サービスの発生と展開[1]

(1) 初期のレファレンスサービス ——人的援助の提言

　1876年，米国の独立百年を記念する博覧会がフィラデルフィアで開催されたのに合わせて，全米図書館員大会が開かれ，アメリカ図書館協会（American Library Association）が創立された。この大会で，マサチューセッツ州（Massachusetts）のウスター（Worcester）公共図書館長であったグリーン（Samuel S. Green）が，「図書館員と利用者の人的関係」（Personal Relations between Librarians and Readers.）と題する発表を行った。一般的にはこれが，現代の図書館が実施している制度化されたレファレンスサービスを確立することへの，最も早い提言であるとされている。

　グリーンの提言の内容は，通俗図書館の多くの利用者は，資料を見つけ出すための閲覧目録の使い方に習熟していないし，また彼らの要求に合った資料を選択するのに必要な知識を持ち合わせていないので，図書館員による人的援助が不可欠である，というものであった。当時の図書館サービスに対する考え方の主流は，図書館資料の収集と組織化であり，利用者が自分で資料を探し出すことを前提として，そのための物的手段を整えることにあったので，図書館員による人的援助の必要性を説いたグリーンの主張は目新しいものであった。

　グリーンの提言には，利用者への人的援助によって利用者が得をすれば，図

---

1) 本節は，次の文献を参考にした。サミュエル・ローススティーン著，長沢雅男監訳：レファレンスサービスの発達　日本図書館協会　1979; *Encyclopedia of library and information science*. vol.25. Dekker, 1978. *Refernce Services and Libraries*, by Thomas J.Galvin.; *ALA world encyclopedia of library and information services*. American Library Association, 1980. *Reference Services*, by Charles A. Bunge.

書館に対してより肯定的な見方をしてくれるだろうという動機があった。1850年から1875年の時期は，米国の公共図書館運動の揺籃期で，図書館は自らの価値を示す，すなわち具体的には利用者の支援を獲得することによって，市の財源から多くの支出を引き出す必要に迫られていた。ロースステイーンは，人的援助の提言が公共図書館長のグリーンからなされたことについて，「公共図書館員は明確な動機をもって図書館の有効性を広く認めさせる新しい方法を探し求めていた。したがって，公共図書館が他に先駆けてレファレンスサービスの開始に向けて真の第一歩を踏み出したことは驚くに当たらない」[1]。と述べている。初期のレファレンスサービスは，このような理由で，まず公共図書館から普及することになる。

また，人的援助という新しい方法が，米国でこの時期に提言された背景として，19世紀後半の米国社会と図書館の状況を理解しておくべきであろう。まず，経済，社会的背景としては，農村に基盤をもつ農業経済から都市に基盤をもつ工業経済への転換，大量の移民による文化変容，公教育制度の開始，および大学の変容が挙げられる。これらのことは，図書館の利用者層の変化と，利用者の図書館に対する要求の変化の要因になったと考えられる。次に図書館の状況であるが，従来の保管中心のサービスから利用中心のサービスへの転換期を迎えていたこと，また，蔵書量の増大が資料の組織化への関心を高めていたことが挙げられる。

特に図書館をめぐる状況の変化という点で，この1876年は米国の図書館界のみならず世界の図書館界にとっても，象徴的な年であった。図書館員大会が開催され，アメリカ図書館協会が発足したことはすでに述べたが，同時に同協会の機関誌として*Library Journal*が創刊され，グリーンの提言もこれに掲載されている。また，同じ年に米国教育局（U. S. Bureau of Education）から『アメリカ合衆国における公共図書館』（*Public Libraries in the United States of America.*）が刊行された。この『特別報告』と称する執筆者30人以上の大部の専門論文集

---

1) サミュエル・ロースステイーン著，長沢雅男監訳：レファレンスサービスの発達　日本図書館協会　1979　p.49.

に，デューイ（Melvil Dewey）の『十進分類法と主題索引』，カッター（Charles A. Cutter）の『辞書体目録編成規則』，そしてレファレンスの関連では，スポフォード（Ainsworth A. Spofford）の『レファレンスの著作』の三論文が収録されていた。

　デューイの「十進分類法」は，開架制へ移行する時期にあった図書館の書架分類の方法として広く受け入れられ，また，カッターの「辞書体目録」は，増大した蔵書を主題から検索するのに特定的な件名標目で対応する点が評価されて，この二つの資料組織化の手段が，19世紀末までに米国における資料組織法の主流となった。スポフォードは，図書館員の手を煩わさないで利用者が自分で利用できるように，という観点からではあったが，レファレンスブック（参考図書）を開架制にすべきであると論じている。いずれにしても，人的援助の提言が，こうした図書館管理を近代化する流れの中で登場したことは銘記しておくべきであろう。

　グリーンの主張は，会議の出席者から概ね好意的な評価を得たようであり，また，ボストンやニューヨークの新聞からも好評を博した。もっとも，後に保守理論として詳述するように，当時の図書館界の中枢にいて，伝統的な図書館管理の推進者であった著名な図書館人たちの多くは，どちらかというと，この新しい方法に懐疑的であった。米国の図書館員大会に続いて，翌年の1877年10月に英国でも大会が開かれ，英国図書館協会が設立された。この大会には米国からも主要な図書館員が出席して議論に参加したが，この大会でグリーンが同様の提言をした際には，明確な反対に遭っている。

　しかしながら，公共図書館においてはグリーンの考えが支持されて，次第に利用者援助の業務に取り組むようになる。1890年代までには，当初のaid to readersあるいはassistance to readersという一般的な言い方に代わって，reference workという用語が使われるようになるが，このことは利用者援助業務が正規の固有な業務として認められたことを意味するものであった。そして実際に，規模の大きいほとんどの公共図書館では，19世紀末までに専門のレファレンス担当者を置くようになった。

公共図書館に比べて大学図書館では，人的援助の必要性に対する認識がなかなか広まらなかった。先に19世紀後半における米国の大学の変容を挙げたが，その内容は学問に携わる研究者が専門職化するに伴い，その研究の拠点として大学の機能が教育から研究を重視する方向へ変わったことである。特にドイツの大学の影響を受けて帰国した研究者達により，大学での研究における図書館の重要性が叫ばれ，図書館が大学の中心であるともいわれた。また，教授法としてセミナー方式が導入されたことも，学生に資料を読ませることから図書館の必要性を高めることとなった。しかし，このことがすぐに人的援助の必要性に結びつくことはなかった。

　多くの研究者の関心事は，蔵書の構築にあり，後は主題アクセスに対応する目録が整備されていれば，自分で必要な資料を探すことができた，あるいは少なくともできると考えられていたのである。この時期にコロンビア・カレッジ図書館に在職していたデューイは，利用者に対する人的援助の必要性を認め，大学図書館に適用することを試み，レファレンス担当者を配置したが，これは大学図書館界全体としては，むしろ例外であった。

（2）　レファレンスサービスの定着と発展

　20世紀の初頭になると，公共図書館では独立したレファレンス担当部門が置かれるようになり，また，従来，大衆向けの図書の貸出しがサービスの中心であった分館にまでレファレンスサービスが拡張されるようになった。大学図書館においても，レファレンスワークが必要なサービスとして認められようになり，特に比較的新しく設立され，伝統による制約から自由であった州立大学を先駆けとして，次第にレファレンスワークの担当者および独立したレファレンス担当部門が置かれるようになる。

　さらに，第一次世界大戦(1914-1918)から第二次世界大戦(1939-1945)までの間に，レファレンスワークはさまざまな面で拡大，発展し，その結果，1940年代までには，現在行われているレファレンスサービスの基本的方法が一応完成したと見ることができる。

レファレンスワークの拡大は，専門の担当者を置いてサービスを実施する図書館の増加，手紙や電話によるレファレンス質問の受付，そして，主題分野や質問の複雑さのレベルに対応するサービスの分化の面で進行した。そして，二つの大戦の間に利用者の認識も高まり，非常に多くの，また，さまざまなタイプの要求が寄せられるようになるが，公共図書館ではインフォメーション・デスクを設置して，利用指導や簡単な質問，さらには読書相談に対応するとともに，規模の大きい図書館では主題別部門化（subject departmentalization）によって高度な質問に対応するようになった。

　この主題別部門化とは，研究調査を行う利用者に対して実質的なサービスをするためには，レファレンスサービスの主題による専門化が必要であるとの認識から，具体的には主題知識をもったレファレンス担当者の配置と，図書館自体の主題別部門編制を図ることである。もっとも，実際のプロセスとしては，公共図書館と大学図書館の規模が大きくなるにつれて，機能やサービス対象である利用者層に応じて職員，施設，蔵書を分けることから始まった。

　最初のきっかけは，資料の形態や言語によって特別の扱いを必要とするコレクションを分けることであったが，その後，専門的な関心をもつ利用者層へ対応するために，ビジネスや産業，あるいは音楽や美術等の部門が分けられるというように，徐々に部門化が進行した。図書館の組織方針によって主題部門を設置し，各主題部門に専門職員を配置して，貸出およびレファレンスサービスを行うという完全な主題別部門制は，1913年にクリーブランド公共図書館（Cleveland Public Library）が行ったレファレンス・情報部と一般図書室および社会学，宗教・哲学，科学・技術等9主題部門への再編成が早い例であった。

　この時期，利用者の要求のタイプに応じて拡張されたサービスのもう一つの特徴は，公共図書館で実践された「読書相談サービス」（readers' advisory services）であった。「読書相談サービス」は，利用者が自己教育や自己啓発のために読書あるいは学習用の資料を選ぶのを援助することを目的としているので，情報あるいは情報源の提供を目的とするレファレンスワークとは本質的に異質な面があるが，レファレンス担当部門が両方のサービスを受け持つこととなっ

た。

　もっとも，1925年頃になると大規模な公共図書館では，このサービスを行う独立の部門が設置されるようになった。理論的には，参考調査図書館（reference library）と貸出図書館（lending library）が施設として，あるいは機能として明確に分離している場合には，後者で実施されるサービスということになるが，利用指導との境界線が必ずしもはっきりしない面があることと，図書館の組織編制上の便宜から，レファレンスサービスの一環として行われることが多い。

　20世紀前半の米国社会でレファレンスサービスが発展した経済的・社会的要因としては，工業化の進展，科学・技術の隆盛，公教育制度の拡大，研究調査の重視，そして記録された知識の増大などが挙げられる。特にこうした状況の中で専門図書館が出現し，拡大されたサービスを展開したことが，レファレンスサービスの概念と方法に大きな影響を与えた。

　20世紀初頭になって専門図書館の成長が始まり，1909年には専門図書館協会が設立された。専門図書館の主要な機能は，当初から情報の提供であることが専門図書館員の間で共通の認識となり，この意味でレファレンスサービスの拡張が専門図書館職（special librarianship）にとって主要な課題であった。この専門図書館職のレファレンスワークは，第一次世界大戦前に立法調査図書館と市政調査図書館の分野で実践され，大戦後になると商・工業の分野の企業体図書館の数が増加するとともに，そこでも発展を遂げることとなった。1940年代までに専門図書館員によって実践されたレファレンスワークの拡張の例として，事実に関する質問への回答，書誌の作成，受け入れた文献の検査と引用，抄録の作成，文献の翻訳および文献探索などが報告されている。

　以上，1940年代までの米国におけるレファレンスサービスの発展について概観したが，専門図書館におけるレファレンスサービスの拡張まで含めて，図書館における情報サービスの基本的な様式あるいはその原型は，この時点までで一応整ったといえるであろう。

　第二次世界大戦終了以後の図書館における情報サービスの発展に影響を与えた要因としては，先進諸国が工業社会から情報社会へ移行する過程で情報の価

値がますます重要視されるようになり，社会のあらゆる領域で情報ニーズが拡大したことと，その情報ニーズに対する各種の情報サービスを支える基盤として，情報伝達技術および情報処理技術が革命的に発展したことが挙げられよう。図書館に直接かかわり，情報サービスの様式にも大きな影響を与えた技術革新としては，情報の蓄積と伝達のための新しいメディアの開発，書誌調整機構の進歩，情報の組織化，蓄積，検索，および提供のプロセスへのコンピュータの導入などがある。現代の情報サービスは，コンピュータの活用を抜きにしては語ることができない。

　情報サービスの理念の拡張の点で注目すべきこととして，最後に「案内紹介サービス」に触れておこう。サービスの詳しい内容については第3章で述べるが，ここで注目するのは，このサービスが提起された経緯である。米国の公共図書館における情報サービスは，これまで述べてきたように順調に発展してきたが，1960年代になると，図書館の利用者層について反省が生まれた。図書館における情報へのアクセスに関して白人と非白人の間に差別があることが認識され，また，これまで利用者層の主体であった中産階級が都市の中心部から郊外へ移動することによって，都市中心部で利用者が減少するという現実的な問題もあって，図書館サービスを維持していくためには，従来，潜在的利用者であった層を顕在化する必要があることが課題となった。

　1970年代になってこの課題を解決するために考え出されたのが，一つはアウトリーチ計画（outreach program）であった。アウトリーチ計画とは，「施設に収容された人々，高齢者，あるいは図書館を利用したことのない人々など，従来，図書館サービスを全く，または不十分にしか受けられなかったサービス対象集団の情報要求に応えるために提唱され計画された，図書館の公共サービス計画」である[1]。なんらかのハンディキャップのために図書館に来ることができない利用者に対して，図書館の方から出向いてサービスをしようという訳である。そして，もう一つが案内紹介サービスであった。このサービスも，新しい

---

1) 丸山昭二郎［ほか］監訳：ALA図書館情報学辞典　丸善　1988.

利用者層を開拓するために考え出されたもので，地域住民の日常生活に直接関連した情報へのアクセスを援助することを目的としていた。

1876年のグリーンによる提言が，利用者の支持を獲得し，図書館の財源を確保する必要からなされたのと同様に，これらのサービスも図書館の生き残り策として打ち出されたことに多くを学ぶべきであろう。

（3） レファレンスサービスに対する三つのアプローチ

1876年のグリーンによる提言から今日に至るまでの，米国におけるレファレンスサービスの拡張と発展を概観してきたが，図書館が実際に実施するレファレンスサービスの範囲とレベルについては，館種，規模，あるいは当該図書館の方針等によって異なり，一様ではない。

レファレンスサービスが定着し，拡張されつつあった1930年にワイヤー（James Ingersoll Wyer）は，レファレンスワークの理論には三つの明確な概念があると分析した[1]。ワイヤーはこの三つの概念を，保守（conservative），中庸（moderate），自由（liberal）と呼んだ。後にローススティーン（Samuel Rothstein）は，1960年代の米国におけるレファレンスサービスの現状においても，この三つの区分が適用可能であるとして，それぞれ，最小（minimum），中間（middling），最大（maximum）と名付けた。

「保守」あるいは「最小」アプローチは，図書館員の役割を，利用者が図書館資料を利用する際の案内者に限定する。すなわち，利用者が自ら行うことを援助する，具体的には情報を提供することよりも，図書館資料および図書館の使い方を指導することに重点を置く考え方である。もっとも，即答可能な事実に関する質問に回答することまでは排除しない。先に，グリーンの提言に対して，当時の著名な図書館人たちの多くが懐疑的であったと述べたが，その図書館人たちの考え方が，この考え方であった。定義の変遷で紹介したビショップや，1876年の報告書の執筆者であったカッターやスポフォードもこの立場に立っ

1） *Refernce work*, by James Ingersoll Wyer. American Library Association, 1930.

ていた。スポフォードは，図書館員は知性のある道標（inteligent guidepost）であって，道を旅するのは利用者自身であると述べている。

このアプローチの根底にある理念は，図書館の教育的機能の重視，図書館員の能力の限界，そして，サービスの平等主義である。最初の教育的機能の重視というのは，19世紀後半，米国において公共図書館は「民衆の大学」であるとする啓蒙主義的な理念があったこと，また，青少年教育のプロセスでは自分のやるべきことは自分ですることが重要であるとする考え方が支配的であったことである。

二番目の図書館員の能力の限界というのは，情報を提供するとした場合，一つの知識の領域についてでさえ，情報を分析し，解釈し，評価する能力が必要とされることに対する懸念である。最後のサービスの平等主義というのは，特定の利用者に個人的にサービスするのではなく，すべての利用者に公平にサービスを提供すべきであるとする考え方である。

「保守」あるいは「最小」アプローチの対極にあるのが，「自由」あるいは「最大」アプローチである。このアプローチは，図書館の利用指導に具体化される教育的機能より，利用者がそのまま使える情報を提供する責任の方を優先する。ロースティーンによれば，このアプローチは次の三つの要素で特徴づけられる。

(1) 資料の提供よりむしろ，情報そのものを提供すること。
(2) 図書館員の十分な学識に基づく確実で適切な情報提供，すなわちエキスパートとしてのサービスであること。
(3) 異なる分野の，しかもさらにその分野内の個々の利用者に対して，それぞれ区別されたサービスを提供すること。

このアプローチの妥当性を支える論拠は，知の領域における記録情報総体の量的増大と多様化の進行によって，その中から適切な情報を検索するには，そのための固有な知識と技術が必要になり，利用者自身がそれを行うより，その固有な分野を専門とする図書館員に委ねた方が経済的，効率的であるという考え方である。

「自由」あるいは「最大」アプローチは，当初はその論拠からも推量されるように，利潤を追求する組織体における，また，専門的かつ限定された経営者や研究者を利用者とする専門図書館の情報サービスの特徴であった。しかしその後，次第に研究者を利用者とする大学図書館や，規模の大きい公共図書館のビジネス・産業に関する情報を扱う部門および案内紹介サービスを担当する部門などでも，このアプローチが採用されつつある。

　「中庸」あるいは「中間」アプローチは，上記二つの対極的なサービス理念の間に位置するアプローチであり，ほとんどの図書館が現在でも実際に採用している考え方である。ローススティーンは，「"中庸理論"は指導案内と完全な情報サービスとの妥協であり，また重要な研究に最大限の援助をしたいという評価すべき意欲と，それを実行する図書館の能力の面で現実から受ける制約との妥協であることを示していた。」と述べている[1]。

　これまで見てきたように，レファレンスサービスの拡張と発展は，明らかに，「保守」あるいは「最小」アプローチから「自由」あるいは「最大」アプローチの方向に進行していると言えるであろう。したがって，現代の一般的な図書館のサービス方針は，「中庸」あるいは「中間」アプローチであるとしても，より「自由」あるいは「最大」アプローチに近い位置にいることになる。今後もさらに最大限のサービスの方向に進むことは疑いない。

　しかし，最初に述べたように，図書館が実際に実施するレファレンスサービスの範囲とレベルについては，館種，規模，あるいは当該図書館の方針などによって異なり，一様ではない。この問題を考える際に大事なことは，図書館のサービス方針を決定する要因は，その図書館の目的および機能は当然のこととして，現実には，利用者の当該図書館に対する要求とそれに応える図書館側の力量との相関によるということである。

1）サミュエル・ローススティーン著，長沢雅男監訳：レファレンスサービスの発達　日本図書館協会　1979　p.162.

2．わが国への導入と展開[1]

(1) 明治・大正・昭和期(第二次世界大戦まで)の状況

　米国で最初に人的援助の提言がなされた1876年は，わが国でいえば明治9年に当たる。欧米の教育事情を視察していた文部大輔（たいほ）田中不二麻呂は，1876年の米国独立百年記念博覧会を視察したが，その帰朝報告の中で，米国の公共図書館事情について詳説し，翌明治10(1877)年には「公立書籍館ノ設立ヲ要ス」を『文部省年報』に発表した。しかし，この年に西南戦争が勃発したことからもわかるように，明治新政府は未だ安定しておらず，それが直ちに実現する状況にはなかった。

　わが国において県立図書館が多く設立され，本格的な公共図書館が定着し始めるのは明治30年代になってからであった。ちなみに，日本図書館協会の前身である日本文庫協会が，田中稲城（いなぎ）の呼び掛けで創立されたのが明治25(1892)年，第1回全国図書館員大会が開催されたのが明治39(1906)年，そして，日本文庫協会の機関誌『図書館雑誌』が創刊されたのが明治40(1907)年である。また，帝国図書館官制公布が明治30(1897)年，図書館令の公布が明治32(1899)年，帝国図書館が上野に新築開館し，東京市立日比谷図書館が設立されたのが明治39(1906)年であった。

　明治時代には，欧米に派遣された留学生や視察者により，欧米の図書館の様子が紹介され，その中に人的援助に関する記述も散見されるが，いずれも断片的で紹介の域を出るものではなかった。

　なお，帝国図書館の初代館長に就任した田中稲城は，明治33(1900)年、文部省が刊行した『図書館管理法』の中で，「常ニ参考ニ供スルノミニテ之ヲ読ムニ

---

[1] 本節は，次の文献を参考にした。北原圀彦：明治・大正期におけるレファレンス・ワークの発展　Library and information science. no.8　1970　p.17-49，三宅千代二：日本に於ける参考事務と文献　図書館界　3(3)　1952 p.1-4.

非ル一種ノ書籍アリ之ヲ名ケテ参考書ト云フ」として，レファレンスブックの解説をしている。田中稲城館長の先進的な考え方と，同館館員で明治34 (1901)年『日本随筆索引』を編纂した太田為三郎の実践によって，明治30年代の帝国図書館で人的援助が行われていたことがうかがえるが，先に述べたロースステイーンの識別規準に照らして，レファレンスサービスが行われていたという意味ではないことは，もちろんのことである。

　明治末期から大正期を経て昭和初期までは，図書館員自身によってレファレンスワークの本格的な紹介と導入が試みられた時期であった。明治43(1910)年に東京帝国大学図書館司書官　坂本四方太は，「図書館の急務」と題する論文の中で，「閲覧者を教導する役員を別に置かなければならぬ。…欧米の各公開図書館では，夫々此用意が出来て居り，閲覧者に対する待遇振も親切を極めてをるのである」[1]。と述べて，人的援助の必要性を提起した。また，わが国において，初めてレファレンスワークの定義が述べられたのは，大正5 (1916)年10月に山形市で開催された第11回全国図書館大会においてである[2]。米国留学から帰国した早稲田大学図書館員　毛利宮彦は，「個人と公衆図書館」と題する講演の中で，先に引用した定義（p.14）を述べている。

　大正時代になると，規模の大きい公立図書館で制度化された人的援助を行うようになる。そのことを示す事例として，大正4 (1915)年，新体制が施行された東京市立日比谷図書館の館頭に就任した今沢慈海が始めた図書問合用箋[3]，京都府立図書館館長　湯浅吉郎のもとで大正5，6 (1916，7)年頃に作成された質問応答規定[4] などがある。また，大正末期になると，岡山県立図書館，東京市立日比谷図書館，市立名古屋図書館に，利用者に対する案内・相談を行う部局や担当者が置かれたことが報告されている。

　こうした状況を反映して，大正末期から昭和初期にかけてレファレンスワークの理論的整理も行われるようになる。「参考事務」という用語が日本の文献に

1）図書館雑誌　no.8 1910 p.2.
2）北原圀彦：前掲論文　p.20.
3）日比谷図書館の図書問合用箋　図書館雑誌　no.26 1916 p.41.
4）京都府立図書館の質問応答規定　図書館雑誌　no.29 1917 p.73-4.

初めて現れたのは，大正13(1924)年，今沢慈海の論文「参考図書の使用法及び図書館における参考事務」[1]であるとされており[2]，この後，この語がレファレンスワークの訳語として定着し，第二次世界大戦後も広く使用されることとなった。

この他，参考事務を論じた文献としては，今沢論文が掲載された図書館雑誌の同じ号に，小谷誠一の「日比谷図書館に於ける参考事務」，図書館雑誌78号(1926)に同じく小谷誠一の「図書館に於ける参考事務」，同33巻1，2月号(1939)に渋谷国忠の「参考事務要論」があり，また，毛利宮彦が昭和3(1928)年から4年に刊行した『図書館学講座』(図書館事業研究会刊)の中の「第4章 図書運用論 第1節 参考事務の組織と実際」などがある。さらに，太平洋戦争開戦の頃，文部省図書館講習所で「参考事務」の講座が開講され，帝国図書館の石黒宗吉が担当していたことも注目される[3]。

しかし，昭和初期の図書館を取り巻く社会的状況は，大正末期にいくつかの図書館で組織的に取り組まれたレファレンスワークを広く普及し，あるいは上記の文献等で説かれた理論を実践に移すことを許さなかった。むしろ，そのための基盤として不可欠な，図書館における利用者サービス全体の拡大を阻害するものであった。戦時体制の確立に向けて，社会教育の面でも国民を教化総動員することが最重要課題とされ，昭和8(1933)年に改正された図書館令の内容は，中央図書館制度により市町村立図書館の統制を強化するというもので，図書館令本体および同施行規則の中に「参考事務」に関連する記述が入ることはなかった[4]。

---

1) 図書館雑誌 no.55 1924.
2) 三宅千代二：前掲論文 p.1.
3) 同上 p.4。なお，図書館雑誌 36年4号(昭和17年4月) 図書館時事の「⑥文部省図書館講習所の新陣容」によれば，科目名は「図書館参考事務」で，林繁三(帝国図書館司書官)担当となっている．
4) 昭和戦前期の理論と展開と実践状況については，金津有紀子：戦前におけるレファレンス・ワークの導入 Library and information science. no.44 2000 p.1-26 に詳しい．

（2） 第二次世界大戦後の状況

　昭和20(1945)年8月15日，日本の無条件降伏により第二次世界大戦は終結した。戦後のわが国における図書館の再建は，戦勝国である米国の直接的な影響の下にスタートすることとなった。占領軍は，日本帝国主義の解体と徹底的な民主化を図ることになるが，教育面では，翌年にさっそく，米国教育使節団が来日し，教育改革に関する勧告を行った。図書館関係では，同使節団報告書（昭和21年3月31日付）の「第5章 成人教育」の中で，公立図書館について，「第6章．高等教育」の中で大学図書館について述べられている。また，連合国軍総司令部（GHQ）の民間情報教育局（Civil Information and Education Section）は，昭和20年11月から26年までに全国各地に23館の図書館（CIE図書館と呼ばれる）を開設し，米国の公共図書館サービスの見本を示した。

　『米国教育使節団報告書』では，日本の公立図書館の状況について，「幸いにも，日本における公立図書館運動の基礎はすでにできている。相当数の都市および府県の図書館が国中で盛んな活動をしていたのだが，それらの大半は，一部あるいは全部を破壊されてしまったのである。しかしながら，図書館組織は，公立ではあっても無料ではなかったことが思い出されなければならない。入館料を取り，図書の貸出しにも料金を取るのが普通だったのである」[1]。と報告されている。

　民間情報教育局の初代図書館担当官に任命されたキーニー（Philip O. Keeney）は，この報告書と同時期に，地域統合図書館システム構想とでもいうべき図書館再建計画を立案し，また，新しい図書館法規を制定するための準備にも熱心であった。キーニーは昭和22年5月に解任されて帰国したが，その後の図書館関係者および文部省の担当官の努力で，昭和25(1950)年4月30日に「図書館法」が公布された。図書館関係者が必ずしも満足する内容ではなかったにせよ，新法令の下で戦後の公共図書館活動が開始されることになったわけである。しか

---

1) 村井実：アメリカ教育使節団報告書　全訳解説　（講談社学術文庫）　1979　p.102.

し，当時のわが国の政治・経済情勢の変化による制約や，図書館員の意識変革の立ち遅れもあって，公共図書館が本格的に発展を開始するまでには，更に十数年の歳月を必要とした。

『米国教育使節団報告書』では，図書館員の養成について，大学に図書館学校を設置することを提言しているが，図書館界の指導者を育成する面においても，米国の影響は大きかった。「図書館法」制定前後にIFEL (Institute for Educational Leadership) 図書館学講習会が開催され，また，昭和26(1951)年，慶応義塾大学に日本図書館学校が開設されて，米国人講師が来日し，最新の理論を受講者に講義した。

特にレファレンスワークに関しては，慶応義塾大学日本図書館学校で行われたIFEL 講習会で，チェニー (Francis N. Cheney) 教授が担当した reference の研修が受講者に大きな影響を与えた。この受講者の中に，神戸市立図書館で昭和23(1948)年からレファレンスワークの実践に努めた志智嘉九郎もいた。

昭和29(1954)年，志智嘉九郎は，文部省社会教育局から刊行された『レファレンス　公共図書館における実際』を執筆したが，これは神戸市立図書館の相談事務実施数年の経験を踏まえたものであった。また昭和33(1958)年9月，日本図書館協会公共図書館部会に参考事務分科会が設けられたが，神戸市立図書館長が会長となり，同館に事務局を置いた。同分科会はレファレンスワークの研究グループであり，昭和35(1960)年末の段階で会員約300名，会員の所属する図書館の数は112館に及び，逐次漸増の傾向にあったという[1]。同分科会はまた，参考事務の標準的な事務規程の作成を決定し，すでに作成されていた「神戸市立図書館相談事務規程」を基にして検討を重ね，昭和36(1961)年3月「参考事務規程」（巻末 p.167参照）を完成させ，翌年には規程の各条文に詳細な解説を付して，「参考事務規程解説」を発表した。

参考事務分科会の活動によって，公共図書館界にレファレンスワークの意義についての認識が広まり，多くの図書館がレファレンスワークに取り組み始め

---

1) 志智嘉九郎：レファレンス・ワーク　日本図書館研究会　1984　p.29.

た。しかし一方では，1950年代のわが国の公共図書館の現状，すなわち図書館サービスの基本である豊富な資料の提供（貸出）という基礎ができていなかった段階で「"貧弱な図書館予算の中で"レファレンスを重視したことは，大図書館はともかく，中小図書館にあっては，逆に住民から遊離する結果になった」，したがって「努力のわりには市民の生活に浸透しなかった」，とする見方もある[1]。確かに，米国における発展の歴史を見ても，人的援助の定着には，全国的な図書館設置率の増大と，図書館サービス全体の成熟が前提として必要であるといえよう。

　昭和38(1963)年，日本図書館協会中小公共図書館運営基準委員会は，『中小都市における公共図書館の運営』（『中小レポート』と略称されている）をまとめた。このレポートは，「中小公共図書館こそ，公共図書館の全てである」ことを強調し，人口5万から20万の中小都市の図書館が最小限必要とする運営基準を示した。

　その後，同委員会を組織した当時の日本図書館協会事務局長であった有山崧は，日野市に図書館設置を働きかけ，自らが同市の市長に選出された昭和40(1965)年8月の翌月に，移動図書館1台による建物のない図書館が開館した。日野市立図書館の実践は，近隣の市立図書館に大きな刺激を与え，次第に全国各地に影響が広がって行ったが，それらの実践を踏まえて，昭和45(1970)年，日本図書館協会は，中小公共図書館の指針書として『市民の図書館』を刊行した。同書は，1970年代に図書館数や貸出冊数の増加等でめざましい発展を遂げた公共図書館運動の理論的支柱となった。

　『市民の図書館』は，当面の最重点目標として，貸出し，児童サービス，全域サービスを掲げた。同書では，レファレンスを次のように位置づけている。

　① 資料の提供という公共図書館の基本的機能は，貸出しとレファレンスという方法であらわれる。

　② 貸出しが十分行われることによって，レファレンスの要求が生まれ，拡

1）図書館白書　1980　戦後公共図書館の歩み　日本図書館協会　1980　p.19.

大する。つまり貸出しの基礎の上にレファレンスが築かれる。
③　貸出しとレファレンスのこのような構造的な関係を理解することは，当面図書館は何を重点に行うべきかを考える上で重要なことである。

　先に述べたように，この考え方は1970年代以降の公共図書館運動の理論的支柱となったが，一部に貸出とレファレンスの構造的関係を，優先関係として固定的に序列化し，貸出以外の業務を極端に軽視する貸出中心主義として一面的に捉える傾向もみられた。

　1980年代に入って，日本図書館協会は図書館政策特別委員会を設置し，昭和58(1983)年9月以来，「図書館法」第18条にいう「公立図書館の設置及び運営に関する望ましい基準」に代わるものを策定する作業を進め，昭和62(1987) 9月に「公立図書館の任務と目標」の最終報告を公表した。この中の「第2章　市(区)町村立図書館　第2節　図書館サービス」では，「15.図書館サービスの基本は，資料提供である。そして資料提供は，貸出とレファレンス・サービスによって成り立つ。貸出とレファレンス・サービスは不可分のものであり，レファレンス・サービスに力を入れるあまり，貸出を軽視してはならない」[1]。としている。「貸出を軽視してはならない」という表現から逆に，公共図書館界におけるレファレンスサービスに対する取り組み方の変化が読み取れる。「公立図書館の任務と目標」は，平成1(1989)年1月に確定公表され，その後平成16(2004)年3月に改訂されたが，その結果「第2章市(区)町村立図書館　第2節図書館サービス」の該当部分は「15.図書館サービスの基本は，住民の求める資料や情報を提供することである。そのために，貸出，レファレンス・サービスを行うとともに，住民の資料や情報に対する要求を喚起する働きかけを行う。住民の図書館に寄せる期待や信頼は，要求に確実に応える日常活動の蓄積によって成り立つ。その基礎を築くのは貸出である。」となった。

　平成13(2001)年，文部科学省は漸く『公立図書館の設置及び運営上の望ましい基準』を告示したが，この中の「2．市町村立図書館　(3)レファレンス・サー

---

1) 日本図書館協会図書館政策特別委員会編：公立図書館の任務と目標　解説　日本図書館協会　1989　p.23.

ビス等」では，「他の図書館と連携しつつ，電子メール等の通信手段の活用や外部情報の利用にも配慮しながら，住民の求める事項について，資料及び情報の提供又は紹介などを行うレファレンス・サービスの充実・高度化に努めるとともに，地域の状況に応じ，学習機会に関する情報その他の情報の提供を行うレフェラル・サービスの充実にも努めるものとする。」と述べている。また，「3．都道府県立図書館　(2) 市町村立図書館への援助」では，その一項に「情報サービスに関する援助を行うこと。」を挙げている。

『米国教育使節団報告書』の「第6章　高等教育」の中で，大学図書館については，「調査研究のため，および高等教育のあらゆる水準の学生ひとりひとりの成長のために不可欠なのが図書館である。」と述べられている。米国流の高等教育の考え方に影響を受けた新制大学が発足したのは昭和23(1948)年であった。しかし，敗戦後間もない時期に，いわば外部からの圧力で押し進められた改革は，形式的な模倣にとどまり，内実は戦前の大学の理念や研究・教育体制がほぼそのまま引き継がれた。

大学図書館については，先に述べたように，米国教育使節団の大学に図書館学校を設置することもまた有益であろうという提言を受けて，昭和26(1951)年，慶應義塾大学に日本図書館学校が開設され，レファレンスサービスの発展にも大きな影響を与えた。昭和27(1952)年に慶應義塾大学でレファレンスルームが開室したのを初めとして，昭和29(1954)年に国際基督教大学，昭和30(1955)年に早稲田大学，というように，規模の大きい私立大学でレファレンスルームが開設された。また，昭和27(1952)年に「国立大学図書館改善要項」，昭和31(1956)年に「私立大学図書館改善要項」，さらに昭和36(1961)年には「公立大学図書館改善要項」が作成されて，いずれも新制大学における図書館のあるべき姿を示すと同時に，レファレンス担当者の養成や配置の必要性を述べている。

その後，1970年代になると，文部省が国立大学図書館にレファレンス係員を配置する予算措置を講じたこともあって，次第に組織体制が整うことになり，少なくとも学部学生に対するレファレンスサービスに関しては，ほとんどの大学図書館が，図書館の方針として制度的に取り組むようになった。特に近年で

は，大学改革の中で学生に対する教育の重視が課題とされていること，また，インターネットなどの情報化の進展を背景として，利用者教育あるいは情報リテラシー教育に大学図書館が積極的に取り組むようになってきている。しかし，大学図書館界で「参考業務の理解が異なりもしくは業務内容が正確に把握されていないため，質の面においても充実したサービスを提供しているとは言いがたい。」[1]とする見方もある。

わが国の専門図書館も，占領軍の図書館振興策の影響により活動を開始した。昭和23 (1948) 年，国立国会図書館が設立され，また，各省庁図書館が国立国会図書館支部図書館として設置され，民主化の具体的方策の一つである地方議会図書館が設立された。そして，これらの図書館が中心となって昭和27 (1952) 年に専門図書館協議会が発足した。この専門図書館協議会の発足により，わが国の専門図書館は名実ともに確立したとされる。1960年代に入り，民間企業の間で研究・開発が重視されるようになると，産業界に研究所設立ブームが生じ，1970年代半ばの高度経済成長期の終焉まで，企業図書館の増加が続いた。

専門図書館の業務面では，1970年代に書誌データベースとそのオンライン検索サービスが普及し始め，情報サービスの方法に大きな変化をもたらした。伝統的なドキュメンテーションからオンライン情報サービスへ転換する過程で，昭和32 (1957) 年に特殊法人として設立された日本科学技術情報センター (Japan Information Center of Science and Technology ; JICST) の果たした役割は大きい[2]。また，昭和25 (1950) 年に国際十進分類法協会として発足し，昭和33 (1958) 年に日本ドクメンテーション協会と改称し，さらに昭和61 (1986) 年に現在の名称となった情報科学技術協会 (Information Science and Technology Association ; INFOSTA) の役割も忘れてはならない。同協会は，機関誌『情報の科学

---

1) 阪田蓉子：わが国の大学図書館におけるレファレンス・サービスの発展（現代レファレンス・サービスの諸相 日外アソシエーツ 1993）p.124.
2) 1996年10月，機構改革により，科学技術振興事業団 (Japan Science and Technology Corporation ; JST) 科学技術情報事業本部 (JST, Information Center for Science and Technology; JICST) となった。さらに2003年10月，独立行政法人科学技術振興機構 (Japan Science and Technology Agency ; JST) となった。

と技術』を刊行すると共に，各種の養成・研修講座や「情報検索基礎能力試験」・「同応用能力試験」などを実施している[1]。

（3）　わが国のサービスの現状と課題

　わが国のレファレンスサービスの現状は，先に述べた三つのアプローチとの関係で見た場合，どこに位置付けることができるであろうか。公共図書館，大学図書館ともに「自由」あるいは「最大」アプローチに該当しないのは確かであるし，また，「保守」あるいは「最小」アプローチの域はすでに脱しているのも確かであろうから，「中庸」あるいは「中間」アプローチの領域に位置することになろう。しかし，その領域の中で両極のどちらに近い位置にあるかということになると，館種および規模などによって違いが出てくる。

　公共図書館の場合，市(区)町村立図書館については，改訂される前の『公立図書館の任務と目標』からすれば「保守」あるいは「最小」アプローチの方に近い。レファレンスサービスを明確に資料提供機能の中に位置付けているからである。しかし，都道府県立図書館については，第一線の市(区)町村立図書館をバックアップするものとして，資料提供の面だけでなく参考調査図書館（reference library）としての機能も期待されるようになってきている。また実態としても，主として事実探索（fact finding）のレファレンス質問に対してではあるが，積極的に回答サービスを行うようになりつつあるので，もう少し「自由」あるいは「最大」アプローチ寄りの中間的な位置にいることになろう。また，平成10(1998)年に文部省は，『新しいメディアにチャレンジ　公共図書館の情報サービス実践事例集』をまとめたが，この中で県立図書館のみならず，市立図書館，町立図書館の新しいメディアや情報サービスの展開事例を紹介しており，公共図書館全体として自由あるいは最大アプローチの方向へ移行しつつあると言える。

　なお，公共図書館の情報サービスの現状については，全国公共図書館協議会

---

[1] 専門図書館の歴史については，『白書・日本の専門図書館　1989』（専門図書館協議会　1989）を参考にした。

が平成15(2003)年度に「公共図書館におけるレファレンスサービスに関する実態調査」を行い，平成16(2004)年3月に報告書を発行している。続いて平成16(2004)年度には実態調査の分析と20館の事例を収録した報告書，平成17(2005)年度には「レファレンスサービスのガイドライン（案）」，「レファレンスサービスに関する規程類について」及び24館の特色のあるレファレンスサービスの事例を収録した報告書を発行している。

（注：http://www.library.metro.tokyo.jp/15/15850.html）

　大学図書館の場合は，大学の研究および教育という二つの機能との関係で，具体的には教員や大学院生を奉仕対象とする研究図書館機能と学生を奉仕対象とする学習図書館機能の違いによって，アプローチが異なる。現在のサービスの実態としては，研究者に対する情報サービスは一部の例外を除いてほとんど取り組まれておらず，学生に対する利用教育やレファレンス質問に回答するサービスが中心であり，やはり「中庸」あるいは「中間」アプローチということになる。

　1960年代の終わりに長沢雅男は，わが国の各種図書館に共通して見い出されるレファレンスワークの阻害要因として，① 図書館の性格，② レファレンスワークに対する理解，③ 利用者の問題，④ 担当者の問題，⑤ レファレンスツールの問題の5点を指摘した[1]。

　この5点の内容を要約すると，①の問題は，前近代的な旧態依然たる図書館機構を残したまま，新しいサービスを形式的に模倣して移入しても，順調な発展は望めないこと，②の問題は，レファレンスワークに関する基礎的な検討を欠いたまま，形式的な導入を試みたため，図書館内部においてもその重要性を認めさせるのが困難であったこと，③の問題は，わが国には図書館の数が少なく，市民の日常生活に図書館サービスが浸透していなかったため，利用者のレファレンスワークに対する要求も形成されていなかったこと，④の問題は，有能なレファレンス担当者が不足していたこと，また，整理業務中心の考え方が

---

1) 長沢雅男：参考調査法　理想社　1969　p.64-70.

あり，利用者に対する直接的サービスについて，十分な目的意識が欠けていたこと，⑤の問題は，質問回答の情報源として，参考図書，書誌・索引などのレファレンスツールの絶対数が少ない上に，質的にも不十分であったこと，などが指摘されている。

　上記の問題点は，その後の図書館数の増加と利用の拡大，整理業務中心の考え方から利用サービスを重視する考え方への転換，また，辞書・事典類や書誌・索引類の出版点数の増加などによって，現在ではかなり解消されたといえるであろう。しかし，米国等と比べてまだ決定的に遅れているのは，レファレンス担当者の専門性確立の点である。公共図書館に専門的職員を配置する，いわゆる司書職制度の確立が未だに不十分である現状の改革が必要であることはもちろんであるが，レファレンスサービスの拡張のためには，さらに専門的職員内部での専門分化が必要である。例えば，各館種で盛んに職員研修が行われているが，定期的に担当部署を変えるというわが国特有の人事に対する考え方から，担当部署に配属されてからその部署の業務に関連する研修を受けるのが通例となっており，図書館業務のそれぞれの分野で系統的にその分野の専門家を育てる構造にはなっていない。

　公共図書館だけでなく，大学図書館においても状況は同じである。特に学生ではなく研究者に対する情報サービスを行うためには，主題別部門化と主題知識を有するレファレンス担当者が必要である。そして，主題専門家を養成するには，大学院のプロフェッショナル・スクール化と専門職制の確立が必要であろう。

　平成3 (1991)に改正された大学設置基準の第38条（図書等の資料及び図書館）の第3項では，「図書館には，その機能を十分に発揮させるために必要な専門的職員その他の専任の職員を置くものとする。」と規定されているが，現状はむしろ逆に，専門的職員の流出が懸念される状況にあるといわざるを得ない。特に私立大学の場合，給与体系の違いなどから事務系職員の他大学への移動が困難であり，人事政策上，半ば必然的に学内の図書館以外の部局への転出が起きる例が見受けられる。

（4） 情報サービスの今後の展望

　わが国の図書館における情報サービスが，今後，次第に「自由」あるいは「最大」アプローチの方向に拡張を続けていくかどうかという問題については，おそらく，今までの発展の延長線上で考えることはできない。1990年代の急速な情報化の進展により，図書館が置かれている社会環境が大きく変わろうとしているからである。21世紀の情報社会の中で，図書館の社会的機能がどのように変化するかが問われており，図書館の果たすべき役割を模索する中で，情報サービスのあり方も検討されなければならない。

　図書館が現在すでに具体的な対応を迫られているのは，媒体（メディア）の転換である。電子メディアの開発と普及は，情報を記録する容器としてのメディアと情報を伝達・搬送するメディアの双方の分野で，図書館に大きな影響を与え始めている。こうした状況に対応するために，図書館界においても，ディジタル化された情報源をいかに図書館に取り込み，利用者の情報探索プロセスにいかに積極的に関与するかについて議論がなされ，「電子図書館（electronic library）」や「仮想図書館（virtual library）」といった構想も打ち出されている。

　もちろん，21世紀になると図書や雑誌のような印刷メディアを蔵書の主体とする図書館は消滅してしまうと考えるのは早計である。「ブックレス図書館は夢物語にすぎない。それも，ネットワーク中毒者の，ネットワーク狂信者の，そして図書館情報システム推進者の夢物語だ」[1]。という考えや，「図書館の本とバーチャル・ライブラリーのブックは，それぞれ別な読み方をしなければならない。…バーチャル・ブックは紙でできた本に取って代わるものではなく，お互いがお互いを補完する関係なのだ。…ゆっくりと順を追って読むのならこれまでの書籍，明確な目的で何かを調べるならバーチャル・ブックをどうぞ，と薦めればよい」[2]。という意見もある。むしろ，「電子図書館の神話」の隆盛にもかかわらず，「図書館は，社会的な交流をすすめ，共同社会および文化の質の保

1）クリフォード・ストール著，倉骨彰訳：インターネットはからっぽの洞窟　草思社　1997　p.295.
2）ポール・ギルスター著，井川俊彦訳：デジタルリテラシー　トッパン　1997　p.156.

持に携わり，そして感性および知性を刺激する場所であって，その点で重要な社会的機関として機能し続けるであろう」[1]。とする見方もある。

　もっとも，資料提供機能の枠を超えて，図書館が拡張された情報サービスに取り組むとすれば，例えば，インターネットとの関わりを無視することはできない。図書館内にワールドワイドウェブ（World Wide Web；WWW[2]）のサイト[3]を設置し，図書館員が世界的規模の膨大な情報源にアクセスしようとする利用者のインフォメーション・ナビゲーター（情報案内人）の役割を果たすとすれば，従来とは違った新しいライブラリアンシップを構築しなければならないであろう。また，伝統的な資料提供機能と拡張された情報提供機能を，すべての図書館が同じように遂行することは，財政的および人的資源から考えて，到底，不可能であるので，図書館の機能分化がさらに促進されることが予測される。

　平成12(2000)年12月，文部省は，地域電子図書館構想検討協力者会議による報告書『2005年の図書館像　地域電子図書館の実現に向けて』をまとめた。この報告書の「第3章　地域電子図書館の実現に向けての指針」の「3．情報通信技術を利用して図書館が提供する新しいサービス」では，「各公立図書館においてホームページを開設した上で，次の順序で実施をすることが考えられる。」として次の4点を挙げている。

　① 蔵書データベース（Web OPACを含む）の提供
　② デジタル媒体（CD-ROMなどや，インターネットからダウンロードし，図書館サーバに蓄積するものを含む）の図書館資料の収集・提供
　③ 図書館で製作するデジタルコンテンツの提供
　④ 商用オンラインデータベース等の「外部情報」の提供

　この他に，「ネットワーク上の情報（有用なサイトなど）のリンク集およびメ

---

1) ウィリアム F.バーゾール著，根本彰［ほか］訳：電子図書館の神話　勁草書房　1996　p.214.
2) インターネットに接続されたコンピュータネットワーク上の情報に，自由にアクセスできるようにしたシステム.
3) インターネット上で情報を提供するサーバ（コンピュータ）のこと.

タデータを利用した検索システムの作成・提供」を挙げ，「電子メールを用いたレファレンス・サービス，文献配送サービス，情報リテラシー育成講座などは，環境が整備され次第，随時，導入，実施していくことが考えられる。」としている。

　本章の第1節「米国における情報サービスの発生と展開」において，図書館が多くの利用者の支持を得て財源を確保することにより，社会にとって欠くことができない機関として生き残っていくために，米国の公共図書館で新しいサービスが提起されてきたことに多くを学ぶべきであると述べたが，21世紀の公共図書館のあり方を考える上で，ニューヨーク公共図書館が現在実施している各種の活動とサービスは示唆に富むものといえよう。科学産業ビジネス図書館，舞台芸術図書館の活動や，IT（情報技術）を駆使した各種情報サービスなど，上記の「地域電子図書館構想」が既に実現されているだけでなく，既成の図書館像を超えたサービス内容には驚きさえ覚えるほどである[1]。

　2002年，アメリカ図書館協会アトランタ年次大会においてレファレンス・利用者サービス部会（Reference and User Services Association：RUSA）は，「レファレンスサービスの将来」と題するプログラムを開催した。このプログラムに五人の論者から論文[2]が提出され，さまざまな観点からこの問題について論じている。論者の一人，ジェインズ（Joseph Janes）が「私たちは，おそらく自分の仕事の主要な部分としてレディ・レファレンス（ready reference）に集中することができるレファレンス・ライブラリアンの最後の世代になると思う」[3]。と述べていることが象徴するように，すべての論者がレファレンスサービスが変革期にあることを提起している。

　ここでは，ティックソン（David Tyckson）の論文「図書館員と読者の人的関係の望ましさについて—レファレンスサービスの過去と将来」から，ティックソンがレファレンスサービスについて，今世紀末においても不変であるとする

---

1) 菅谷明子：未来をつくる図書館　ニューヨークからの報告（岩波新書）2003.
2) http://www/ala.org/Printer Template.cfm?Section=Future_of_Refernce_Service&...
3) Joseph Janes：What is refernce for?　同上

特徴と，今世紀末までに変化するとしている特徴を挙げている部分を，要約して紹介しておこう[1]。

[変わらない点]
① 図書館は，コミュニティに対するサービスによって評価されるであろう。図書館は常により大きなコミュニティの一部であることを想起しなければならない。
② レファレンス・ライブラリアンは，グリーンが略述した四つの機能を果たすであろう。すなわち，利用教育，研究の援助，資料の推薦，そしてコミュニティにおいて図書館の振興を図ることである。
③ 人的サービスが重要視されるであろう。ますます非人間化する世界の中で，図書館員は利用者に対して，個人に向けられたサービスを提供し続けなければならない。人的サービスこそが，図書館を他の情報提供者から区別する所以（ゆえん）である。

[変化する点]
① より新しく，そしてより改善されたツールが開発されるであろう。科学技術はわれわれに，より良く，より速いサービスを可能にするツールを提供し続けるであろう。
② 利用教育に対する需要が高まるであろう。図書館は現在，歴史のどの時代よりも複雑になっている。われわれは今まで以上により異なる形式と，多くのアクセス・ポイントを提供している。その上，インターネットが未編集の圧倒的に多量な情報への直接アクセスを利用者に提供している。コミュニティは，情報資源をいかに見出すか，さらに重要なことは，いかにそれを評価するかについて，図書館員が教示することを要請している。
③ 事実情報に対する需要は減少するであろう。インターネットは，考えられる限りすべての事項に関する基本的情報への直接アクセスを利用者に提供している。図書館員が受ける未来の質問は，もっと複雑なものになり，

---

1) David Tyckson：On the desirableness of personal relations between libraians and readers：The past and future of reference service. 前頁脚注2）に同じ。

また，図書館員の調査技能をもっと必要とするものになるであろう。
④　コミュニティがより多様なものになるであろう。図書館は現在よりもっと広い文化的領域の人々に対して，資料やレファレンスサービスを提供する必要が生じるであろう。
⑤　図書館員がより多様になるであろう。コミュニティにおける変化を反映して，図書館員そのものがもっと多様な人々の集団になるであろう。
⑥　図書館は単なる情報の管理者であるよりは，むしろ情報の生成者になるであろう。図書館員は情報を評価するための批判的思考能力を持っており，その技能を，将来，より広い意味で使用することになるであろう。21世紀末までに，図書館は情報を選択し，組織化し，提供し，そして創出するようになるであろう。

第3章　情報サービスの実際
さまざまな情報サービス

　情報サービスとは，情報ニーズをもった利用者がそのニーズに合致した情報を得ることができるように，図書館員が行うさまざまな支援である。
　本章では，この情報サービスが，どのような要素から構成されており，実際にどのような業務によって実現されているのかを解説する。

1．情報サービスを構成する要素

　情報サービスは，利用者，図書館員，情報源という三つの要素から成り立っている（3-1図参照）。以下に，それぞれの要素がどのようなものなのか，それぞれの要素間の関係はどのようになっているのかを述べていく。

（1）利　用　者

　情報サービスの利用者とは，なにがしかの情報ニーズを，図書館の提供する情報サービスによって解決しようとする人々である。利用者は，図書館員を仲

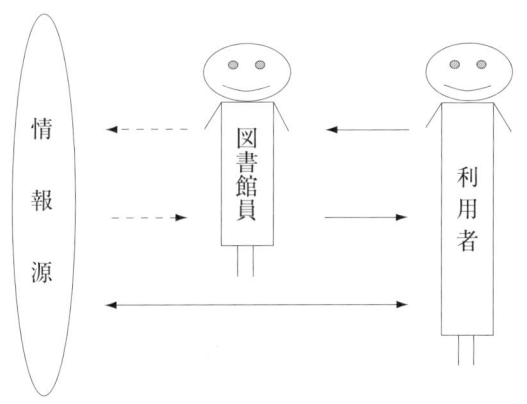

3-1図　情報サービスを構成する要素とその関係

介者として適切な情報を入手することもあれば，自ら図書館で提供される情報源にアクセスし，それらを検索して必要な情報を入手することもある。

　情報ニーズが図書館員を仲介者として解決される場合には，そのニーズは図書館員に対するさまざまなレファレンス質問として表現される。図書館員は，利用者が質問によって表わした情報ニーズを満たすような情報や情報源を，図書館で利用できる情報源を駆使して探索し，利用者に提供する。場合によっては，利用者の情報ニーズはレファレンス質問となって表われないことや，質問はされても適切な言葉で表現されないことがある。これは，利用者がどの程度自分のニーズを自覚しているのか，どの程度，その情報を欲しいと思っているのか，またどの程度，その主題についての背景知識をもっているのか，などに左右される。それゆえ図書館員は，それを踏まえてレファレンスインタビューを行わなければならない。

　利用者が自力で情報源を探索して情報を得る場合，館内に用意されたレファレンスコレクションなどの情報源を探索したり，必要な主題分野の一般書架へ直接行って書架をブラウズ（browse, 拾い読み）して探すということが行われる。利用者は情報サービスの存在を知らないことも多く，知っていても図書館員への質問を躊躇することや，自分の力で探索をして情報を得たいと考えることも多いため，実は図書館員の知らないところで利用者の情報ニーズが解決されたり，あるいは解決されることなくあきらめられていることもある。

　図書館員を仲介とする場合にも，自力で情報源を探す場合にも，利用者は，図書館内だけでなく図書館外からサービスを利用することがある。図書館員への外部からの質問は，従来のような電話やファックス，文書だけでなく，電子メール（e-mail）やチャット（chat, パソコン通信でのやりとり）などの手段によってもなされるようになってきている。あるいは，図書館外から図書館のウェブサイトを通じて適当なデータベースなどが利用されることもある。情報技術の進歩により，利用者は物理的制限から解放され，その利用の形態は図書館内での利用から，図書館という建物の外での利用へと広がっている。そのため，これまでは来館してサービスを利用できなかった人々へとサービス対象者は拡

大しつつある。

　また，高度な情報探索の技術を身につけ，選択的にサービスを利用する賢い利用者が増える一方で，新しく生まれた技術には不慣れな利用者もいる。個別の利用者と同時に集団としての利用者を理解し，時には予測し，図書館は可能性のある利用者がサービスを利用できるよう備えていかなければならない。

（2）情　報　源

　情報源は，図書館員が利用者のレファレンス質問に応えて適切な情報を提供する際に参照するものであり，同時に利用者が自分の情報ニーズを満たすために利用するものでもある。図書館で提供されているレファレンスコレクションと呼ばれるレファレンスブック類やデータベースなどが，その中心となる。図書館では，それぞれの図書館の利用者を考慮に入れて，必要な主題のレファレンスコレクションを収集し，組織化して利用に供している。ただし，レファレンスコレクション以外でも，図書館で所蔵する一般図書や図書館職員などの人的資源も情報源として活用される。

　図書館で提供される情報源は，従来の印刷体の情報源に電子形態の情報源が加わり，その種類も形態も多様化している。また図書館外に存在しているものの，ネットワークを介して利用できるデータベースや，インターネット上の質の高い情報源が増えたため，図書館で提供できるサービスのバリエーションは増している。このことは，図書館員にとっても利用者にとっても喜ばしいことであるが，同時に，それらの情報源が利用できる環境を整えるために必要な業務が増えていることも事実である。電子形態の情報源は，提供機関や収録範囲，利用方法などの変化が激しいため，常にそれらを把握してサービスをするための労力は膨大である。

　情報源や情報技術の変化は，図書館側だけでなく利用者の利用方法にも影響を与えている。これまでは何らかの理由で図書館へ行くことが難しかった利用者が，図書館にはほとんど足を運ぶことなくウェブを通じて各種のサービスを受けることが可能になってきている。また物理的な問題以外にも利用形態を左

右する状況を生み出している。例えば，容易に図書館へ行くことはできるが，建物としての図書館には行かず，情報源のみを図書館のウェブサイトを通じて利用する人々や，図書館の建物の中で，あえてウェブを通じたサービスを利用する人々もいる。また図書館のウェブサイトを通じて必要なサービスを利用できる環境にあっても，場所としての図書館を利用して情報を得たいという人たちもいる。

　情報源の館内での利用に対しては，レファレンスコレクションの排架や収納のスペース，閲覧用机やコンピュータ端末など，調べるための環境の整備が必要になる。また，館外に存在する各種情報源のデータベースを，図書館の提供するウェブサイトを通じて提供するという場合には，提供するそれぞれのデータベースやリンクなどの解説や利用方法についての説明など，さまざまな準備も必要になる。

(3) 図 書 館 員

　情報サービスを担当する図書館員は，利用者のレファレンス質問によって表面化したさまざまな情報ニーズを受けて情報源を探索し，その情報ニーズに合った情報や情報源を提供する。同時に，利用者や図書館員が探索する情報源を収集し，整理し，利用しやすい仕組みを用意し備えている。利用者が，図書館員にレファレンス質問をすることによって情報を得るとしても，自力で情報源を探索して情報を得るとしても，図書館員は情報ニーズをもった利用者とそれに見合った情報源とをつなぐ仲介者の役割を果たしている。図書館員の仲介者としての役割は，場合によっては，その図書館がいかに良い情報源をもっているか以上に重要であり，サービスの良し悪しを左右する大きな要因となる。

　図書館員は，利用者からのレファレンス質問をレファレンスカウンターなどの窓口で受け付け，図書館で利用できる情報源を駆使してその利用者のニーズにあった回答を提供する。ただし，実際には質問を受けるのは館内の特定の窓口だけでなく，図書館員が一般書架などの閲覧スペースにいる時であることも多い。図書館員は利用者によって表わされた質問に答えるだけでなく，時には

質問としてうまく表現できていない情報ニーズがあることも考慮に入れ，レファレンスインタビューによってそれらを明確にし，それに応えてゆくことが必要である。また，レファレンスインタビューの技術だけでなく，利用者が気持ちよくサービスを利用できるよう，対利用者のコミュニケーションの能力も求められる。

利用者が自力で必要な情報を探索するという場合には，一見，図書館員はあまり関与していないようだが，ここでも図書館員の仲介者としての役割は大きい。図書館で提供する各種情報源を利用者の情報ニーズを考慮に入れて選択収集し，あるいは不要なものを廃棄し，維持することや，利用者が求める情報源にアクセスがしやすいように，レファレンスコレクションの排架，机や端末など環境の整備を行うことも図書館員の重要な役目である。電子形態の情報源は増加し続けており，またその提供方法などの変化は激しいため，電子形態の情報源についての最新の知識と探索方法を維持することは容易ではないが，質の良いサービスを提供するためには，図書館員が，電子形態と印刷体と，両方の情報源についての深い知識とそれらの探索能力をもっていることが必要である。

2．情報サービスを構成するさまざまなサービス

インターネットに代表される電子形態の情報源の増加と，新たな情報技術の図書館サービスへの導入は，情報サービスに大きな変化をもたらしつつある。図書館で実施される情報サービスの範囲は伝統的なレファレンスサービスから徐々に広がりを見せ，同時に情報サービスの枠組みにも変化を招いている。このような状況にあっても，図書館が情報を求める個人を支援するという情報サービスの本質が変わることはない。

本章では，情報サービスをより理解しやすくするために，便宜上，二つの側面から情報サービスをとらえ，それぞれのサービス方法について述べる。

利用者の情報ニーズに対して図書館員が直接的に行う支援を直接的サービスと呼び，ボップ（Richard E. Bopp）[1]の三つのアプローチを元にして説明する。

また利用者の情報ニーズに対して間接的に行われるサービスを間接的サービスと呼び，図書館が行う準備的業務について説明する。

日本語の「サービス」は，一般的には利用者への奉仕を意味することが多いため，ここで準備的な業務を「サービス」と呼ぶことには違和感をおぼえるかもしれない。しかし，それらの業務は対利用者のサービスを間接的側面から支えるものであり，利用者サービスにつながるものである。そのため，ここではあえて準備的な業務を間接的サービスと呼び，解説する。

（1） 直接的サービス

図書館員が利用者からの情報ニーズに対して，直接，利用者に接して提供するサービスを直接的サービスと呼ぶ。ボップは著書 *Reference and information services* の中で，図書館員は，利用者の情報ニーズや目標ごとに，異なる三つのアプローチによって支援を行っていると述べている。

第1は，特定の情報を欲しいという情報ニーズに応えるというアプローチである「情報提供（information）」，第2は，ある分野の情報を見つける手順や方法について知りたいという長期的なニーズに応えるアプローチである「情報源

3-1表　直接的サービス

a．情報提供
① 質問回答
② 書誌情報の確認から図書館相互貸借
③ レフェラルサービス
b．情報源選択に対する継続的援助
① 読書相談サービス
② カレントアウェアネスサービス
c．利用教育
① 1対1の利用教育
② グループ対象の利用教育

前頁脚注1） Richard E. Bopp, Linda C. Smith. *Reference and information services: an introduction.* 3rd ed. Colorado, Englewood, 2001, 617p.

選択に対する継続的援助（guidance）」，第3は，情報を入手し利用するにあたって，よりその技術を高めたいというニーズに応えるアプローチである「利用教育（instruction）」である。これらはあくまでも便宜上の区分であって，それぞれが必ずしも独立したサービスとして存在しているわけではなく，互いに関連しあったり，影響しあったりしている部分も大きい。

a. 情報提供（*information*）

利用者が特定の情報を欲しいというニーズを抱いているとき，それに対して図書館員が行う援助を情報提供と呼ぶ。情報提供は，図書館員が直接回答を提供する「質問回答」，図書館で必要な情報を提供できない場合に他の図書館の協力を得て情報を提供する「書誌情報の確認から図書館相互貸借」，同じく図書館で情報を提供できない場合に別の機関を紹介して解決する「レフェラルサービス」によって実現されている。

① 質問回答

利用者の情報ニーズが，図書館員への質問として表現されたものがレファレンス質問である。利用者からのレファレンス質問に対して図書館員が情報源と利用者との仲介者となって適切な情報源を探索し，得られた回答を提供することを質問回答，あるいは質問回答サービスと呼ぶ。質問は，電話番号や住所などといったごく簡単な事実調査から，図書館内外の情報源を駆使し，時間をかけて探索する必要のある文献調査までさまざまである。

利用者の質問の難易度によって，図書館員が回答を提供するために探索しなければならない情報源や，回答を得るまでに要する時間などは変化する。長澤は，レファレンス質問の種類をその難易度によって，「案内質問」，「即答質問」，「探索質問」[1]，「調査質問」に分類している[2]。

---

1) 長澤雅男の『レファレンスサービス』では，探索質問を "search question"，調査質問を "research question" としている。しかし，ボップの *Reference and Infomation Services* では，『レファレンスサービス』の探索質問に当たると考えられる質問を "research questions" と呼んでおり，調査質問に当たると考えられる質問に回答するサービスを "fee-based services and information brokering" と呼んでいる。

2) 長澤雅男：レファレンスサービス　図書館における情報サービス　丸善　1995　245p.

案内質問（directional reference questions）とは，図書館が提供する施設やコレクション，サービスなどについて案内を求めるような質問のことである。このうち，特定のコレクションや資料の所在についての質問は，どのような館種の図書館でもよく尋ねられる質問である。これは目録や，館内の案内図などを使えば簡単に解決することができるような質問であり，特に情報源を参照するまでもないこともある。場合によっては，所蔵調査，所在調査などと呼び，レファレンス質問とは別扱いにされることもある。また，「トイレの場所はどこですか？」とか，「一人何冊まで借りることができますか？」というような，施設やサービスについての質問も案内質問に含まれる。この種の質問は，情報源や情報を欲しいというニーズと直接結びついているわけではないので，厳密にはレファレンス質問とは言いにくい。しかし，レファレンス質問の芽となりうるため，レファレンス質問の一部として取り上げている。

　即答質問とは，ある機関の電話番号や漢字の読みなど，2，3の基本的な情報源を参照することですぐに解決できるような質問のことである。どの館種の図書館でも比較的よく尋ねられるため，即答質問への回答は情報サービスのうちでも最も基本的なサービスということができる。それぞれの図書館ごとに，ある程度尋ねられる質問のパターンを見出すことができるため，図書館ではそれに対応した情報源を，質問を受け付ける窓口近くに備えていることが多い。即答質問に端を発して，より難易度の高い質問に移っていく可能性も高い。クイックレファレンス（quick reference questions），あるいはレディレファレンス（ready reference questions）とも呼ばれる。

　即答質問に回答する際に利用するような，いくつかの基本的なレファレンスブックやデータベースだけでなく，さらに複数の情報源を探索しなければ求められる情報を提供できないような質問を探索質問と呼ぶ。例えば，「電磁波が人体に与える影響について知りたい。」というように，利用者の情報ニーズが即答質問より深く，複雑な質問である。そのため，利用者によって発された質問が的確にそのニーズを表わしているとは限らず，図書館員によるレファレンスインタビューが有効になる場合が多い。

調査質問とは，探索質問では満足な解答を得ることができなかった場合に，さらに探索の範囲を広げ，時間をかけて探索を行う必要のあるような質問のことをいう。専門図書館のような手厚いサービスが可能な図書館では，このような質問に対してかなりの時間をかけて調査を行って結果を提供することや，文献調査や二次資料の作成といった書誌サービスを行って応じることもある。それ以外の図書館では，一定の時間をかけて探索をし，それでも解答が得られなかった場合には，質問処理を打ち切る方針をとることが多い。

以上のような質問は，図書館の建物の中で，利用者から受け付けるだけでなく，電話やファックス，書面などによって図書館員に伝えられることもある。また，インターネットの普及する1990年代半ば頃からは，電子メール（e-mail）やチャットなど，コンピュータを介した質問回答のやりとり，いわゆるデジタルレファレンスサービスへの取り組みが米国の図書館で始まり，あっという間に全米の図書館に広まった。インターネットの普及は，物理的な図書館の中でのレファレンス質問の減少を招いたと言われている。そのような中で，デジタルレファレンスサービスでは，インターネットを利用できる人であれば誰でも，時間や場所という制約を超えて図書館員へ質問をすることができるため，図書館界での期待が高い。新たな技術を応用したデジタルレファレンスのためのソフトウェアの開発や，協力レファレンスのためのコンソーシアムの構築も進んでいる。

② 書誌情報の確認から図書館相互貸借

特定の文献を欲しいという利用者の情報ニーズは，まずはその文献の書誌情報を確認して正確な書誌情報を得，次に，その文献の所在を確認し，最終的には文献を入手することで終結する。つまり，その最初の段階で生じるのが書誌情報の確認（bibliographic verification）で，次に，利用者の利用できる図書館に所蔵していない場合に生じるのが図書館相互貸借（ILL：interlibrary loan）や文献送付サービス（ドキュメントデリバリー：document delivery）である。

図書館で行う書誌情報の確認とは，利用者が必要とする特定の文献について二次資料を検索し，正確な書誌情報を確認し提供することである。利用者は必

要とする文献がはっきりしている場合でも，その文献の正確な書誌情報を把握しているとは限らない。人から聞きかじった情報をもとに，特定の文献を探している場合，間違って記憶していることはよくある。また，ある文献に付けられている参考文献などから情報を得ている場合でも，その書誌情報を書き写し損ねていたり，あるいはその情報自体が不十分であったり，不正確であることもある。そのため，求める文献を入手するための最初の手順として正確な書誌情報を確認することが必要になる。

　次に，利用者の必要とする特定の文献を，その利用者が利用する図書館が所蔵していない場合，その図書館が文献を所蔵する他の図書館や他の機関を探して，その現物を借りたり，複写を取り寄せたりして利用者に提供する業務を図書館相互貸借と呼ぶ。図書館相互貸借以外にも，文献を入手する手段として，文献送付サービスと呼ばれるサービスがある。これは利用者が求める図書や文献のコピーを自宅や職場まで送付するサービスのことである。最近は，複写申し込みの手続きがウェブ上でできるようになったり，文献そのものが電子形態で利用できるようになってきているため，利用者は図書館へ足を運ばなくても欲しい文献を入手できることが多くなってきている。

　これらのサービスは，情報サービスではないという考えもある。しかし，以上のようなサービスを提供するためには，各種の目録や索引誌などの二次資料を検索する必要があり，実際に多くの図書館の中でも情報サービスを担当する部門で扱われることが多い。そのためここでは情報サービスの一部として扱う。現在では，電子形態の目録や索引誌のデータベースがウェブ上で利用できる状況が整い，書誌ユーティリティが確立されてきたことにより，これらの一連の業務は以前よりも容易に行うことができるようになってきている。

③　レフェラルサービス

　図書館が，利用者のニーズに合致する情報源を所蔵していない場合，それらを所蔵している図書館や類縁機関，専門家などを探し出して紹介するサービスをレフェラルサービス（referral service）と呼んでいる。必要とされる情報が図書館内にあるか図書館外にあるかにかかわらず，最終的には人々と情報とを結

びつけるサービスである。レフェラルサービスを効率よく行うためには，可能性のある図書館や機関についての情報源を前もって整備しておくことが必要である。最近ではインターネット上で各種機関に関する情報が公開されるようになり，それらの機関が所蔵する資料の目録が公開されることも増えてきたため，サービスに必要な情報が手に入りやすくなってきている。

　レフェラルサービスに類似したサービスとして，案内紹介サービス（information and referral services：I & R）と呼ばれるサービスがある。図書館に利用者の情報ニーズに合致する情報源がない場合でも，近隣の地域にそれらを満たす情報源やサービスを提供している人や組織があることはある。

　案内紹介サービスとは，図書館がそのような場合に備えて，利用者とそれらの機関とを結びつけるために，地域にあるさまざまな組織や機関の情報を整備し提供するサービスのことで，英米の公共図書館で1960年代後半頃に発達し定着した。情報やサービスを提供する機関と，地域住民に対して提供されているサービス，連絡先などの最新情報がリストやファイルなどの形で作成され，維持される。最近は，図書館がそれらの情報をデータベースとして作成し，ウェブ上に公開することも増えている。

b．情報源選択に対する継続的援助（guidance）

　利用者が，読書を趣味としている，仕事を変えたい，調査プロジェクトにかかわっているなどといった様々な状態にあって，それらについての情報を得るために図書館員に相談したいというニーズを抱くことがある。このような，特定の情報を得たいというよりは，関心のあるテーマに関する幅広い情報をみつけたり，それを利用したりしたいというニーズに対して図書館員が行うアプローチを情報源選択に対する継続的援助（guidance）と呼ぶ。これらは，比較的漠然とした，あるいは長期的なニーズであることが多い。これを実現するサービスとして，本節では，読書相談サービス（readers' advisory service）とカレントアウェアネスサービス（current awareness service）を取り上げている。

① 読書相談サービス

読書相談サービスとは，図書館員が利用者の興味などに合わせて，どのような図書を選び，読めばよいのかについて個別に援助を行うサービスである。これは，米国の公共図書館で1920年代から1940年代にかけて盛んに行われたサービスである。当時は，図書館員が個別の読者にインタビューをして，その興味や読書能力のレベルなどを聞き出し，それらを考慮に入れた上でブックリストを作成し，適切な図書を紹介していた。これは長期的な視野で，個々の利用者に対して継続的に行われた手厚いサービスであった。最近では，利用者個別に，そのような労力をかけることが難しくなってきているため，当時のような読書相談サービスは減少傾向にある。

しかし同時に，従来のサービスは，読書にかかわらず利用者の関心事についての資料や，問題解決のための資料選択を支援するサービスへと変化しつつある。さらに，図書館やサービスの利用法によって個別に利用者を支援する図書館利用教育や，利用者の関心分野の資料についての最新の情報を知らせ，図書館利用を促進するカレントアウェアネスサービスに近いサービスへと図書館員の認識は変化し，その必要性が再認識されるようになってきている。

他にも，読書相談サービスに類似したサービスとして，主に米国の大学図書館で行われている学期末レポートカウンセリング（term-paper counseling）と呼ばれるサービスも挙げられる。これは，期末レポートを作成する学生に対して，図書館員が個別の利用者のテーマやレベルに合わせて図書館資料を使ってレポートを書くための援助をするというもので，利用教育の要素も併せもつものである。このようなサービスを行うためには，図書館員には，それぞれの主題の二次資料はもちろん，一次資料や主題そのものに関する知識が必要である。

わが国では，読書相談サービスや読書案内といわれるサービスは，米国で行われた初期の読書相談サービスのようなサービスというより，主に読書資料の選択についての質問に答えるサービスとしてとらえられることが多い。そのため，貸出サービスの一部として扱って，情報サービスとして扱われないこともある。

② カレントアウェアネスサービス

　主に特定の雑誌の最新号から目次をコピーし定期的に利用者に提供するなど，利用者の関心をもっている主題分野のカレントな情報を，図書館が能動的に提供するサービスをカレントアウェアネスサービスと呼んでいる。専門図書館のように主題分野の限定された図書館では比較的行いやすいサービスであるが，利用者のニーズが多岐に亘る公共図書館などではあまり行われない。

　カレントアウェアネスサービスと同義あるいはその一部として扱われるサービスに SDI（selective dissemination of information：選択的情報サービス）がある。新たに受け入れた資料が，特定の利用者の関心分野の資料であった場合，図書館としてフォーマルにかつ継続的に提供するサービスのことである。図書館員は，事前に利用者にインタビューをして，関心のある主題についてのプロファイルを作成し，それに合致する書誌情報あるいは新しい文献を定期的に利用者に提供する。SDI も，研究活動を続ける研究者などを利用対象とする専門図書館や大学図書館を中心に行われるサービスである。

　しかし最近は，登録している利用者に対して興味のある分野の新着図書リストなどを電子メール（e-mail）で定期的に送付するサービスを行う公共図書館がでてきている。比較的ニーズの多い情報にかぎり電子メールという手間の少ない手段を利用することで実現できているサービスである。このようなサービスも一種のカレントアウェアネスサービス，あるいは SDI ということができるであろう。

c. 利用教育 (instruction)

　情報や知識を頻繁に利用する必要のある人々は，図書館やそこで提供されている各種情報源が，自分たちの生活や研究などにとってどのように役立つのかを知り，さらにそれらを利用するための技術を高めたいと思っている。そうすれば，自分の力で必要な情報源を探索し，利用することが可能になるからである。このようなニーズに合致するアプローチをここでは利用教育と呼んでいる。

　図書館は，利用者がどのような情報ニーズをもって情報を探したいと思って

いるのかを予測し，あるいは要求を受けて，図書館の利用方法や情報源の探索方法，利用方法，評価方法などについて1対1やグループを対象として指導を行う。以前は，大学図書館や学校図書館で中心となってきたサービスであるが情報技術の発展により探索する必要のある情報源が増え，形態が複雑になるにつれ，公共図書館でも次第に重要性が増してきている。大学図書館や学校図書館では利用教育を情報リテラシー教育の一環として位置づける動きもある。

① **1対1の利用教育**（one-to-one instruction）

1対1の利用教育とは，図書館のサービスやその資料の入手方法，利用方法などについて，図書館員が1対1で利用者を支援するという，どの館種の図書館においても行われてきた基本的なサービスである。図書館を使い慣れていない利用者が，図書館の資料を探し出せるように目録の利用法を教えるといった初歩的なものから，調査研究に必要な情報を探索するために，二次資料の内容や，それらの検索方法などについて教えるものまで幅広く行われている。

近年では，冊子体だけでなく，オンライン閲覧目録（Online Public Access Catalog：OPAC）や，索引誌や抄録誌のデータベース，インターネット上の情報源など，電子形態の二次資料が増えつつあるため，それらの検索方法について教える比重が増えてきている。

このようなサービスは，利用者に対面して直接提供されるだけでなく，利用案内のしおりや，特定主題の代表的な二次資料類やその調べ方の手順について紹介するパスファインダー[1]などによって提供されることもある。また同様のものが図書館のウェブサイトを通じて提供されることも増えてきている。ウェブサイトを通じて利用できれば，コンピュータ端末を通じて複数の情報源を探索し，利用しながらレポートを作成する利用者にとって便利であるだけでなく，遠隔地から全く図書館へ足を運ぶことなく図書館を利用する人々にとっても便

1）パスファインダーとは，図書館の特定主題の情報源やその探索方法を簡潔にまとめたものである。利用者は，図書館で，ある主題についての文献を探索する際に参考にすることで，効率のよい探索が可能になる。従来は紙媒体で作成されてきたが，近年は電子形態で作成され，図書館のウェブサイト上に掲載されることも増えつつある。

② グループ対象の利用教育(group instruction)

大学図書館における新入生や，同じテーマについて学ぶゼミのメンバーなど，同じような情報ニーズをもつ利用者が複数いることがある。そのような場合，複数の利用者にグループ単位で，ある程度焦点を絞って，図書館の利用方法や情報源の探索方法などについて案内すると効率がよい。例えば，新入生を対象とする場合，図書館ツアーやオリエンテーションなどによって，図書館の施設や蔵書，基本的なサービスについて知らせることができる。あるいは，図書館の利用にある程度慣れ，専門主題の調査研究に取り組んでいる特定のゼミの学生を対象とする場合であれば，その主題についての代表的な二次資料やそれらの探索方法，探索の結果得られた情報の利用法や評価などについても紹介できる。このような教育は，利用者が専門的な探索技術をみがき，自力で情報を探し出し，効果的に利用できる能力を身につけることにつながっている。

グループ対象の利用教育は，従来，公共図書館ではあまり行われることのないサービスであった。しかし，情報を入手するための道筋が複雑になってきたために，文献探索の方法を学びたいと考える利用者が公共図書館においても増加し，それに応えるための講座などが開かれ，利用を得ている。

(2) 間接的サービス

利用者に対して直接行う支援を直接的サービスと呼ぶのに対し，利用者に直接向き合って行うサービスではないが，利用者が必要な情報を得ることを間接的に支援するサービスを間接的サービスと呼ぶ。ここでは，調べるための環境の整備，情報サービスのための情報源の構築，図書館間の相互協力とネットワー

3-2表　間接的サービス

a．調べるための環境の整備
b．情報サービスのための情報源の構築
c．図書館間の相互協力とネットワークの形成

クの形成を間接的サービスとして扱う。

　利用者に対面して行われる直接的サービスは，利用者の表面化したニーズに対して直接対応されるため，その良し悪しは利用者にとって目につきやすく，図書館全体の印象に与える影響も大きい。一方で，間接的なサービスは利用者のニーズを受けて行われるというよりは，図書館員が利用者の情報ニーズを日常業務の中で察したり，予測したりして主に能動的に行うものである。その良し悪しは目につきにくいが，いかに質の高い情報サービスを提供できるかは，レファレンスコレクションなどの情報源や，調べるための環境などに大きく影響を受ける。間接的サービスの充実は図書館員が提供する情報サービスを支える基盤として重要である。

a. 調べるための環境の整備

　利用者が必要な情報を探して情報源を探索する際には，調べるためのさまざまな環境が整備されていることが必要である。図書館において利用者が情報を探す場合，それはサービスポイントと呼ばれている。

　サービスポイントのうち，利用者が図書館員に何らかの支援を求めて質問を

本の案内カウンター

2. 情報サービスを構成するさまざまなサービス

する場がレファレンスカウンターなどの窓口である。利用者は窓口で，情報そのものを得るために質問をしたり，あるいは図書館や資料の利用方法について質問をしたりする。図書館員はカウンター周辺に置いている即答質問用の情報源，コンピュータ端末を通じて利用できるデータベースなどの情報源を使って回答を提供したり，図書館サービスの利用方法についての資料を提供したりしている。

利用者の質問は，簡単に解決できるものから時間を要するものまでさまざまなので，ゆっくりと話しを聞くことができるよう椅子を用意するなどの配慮が望まれる。また，利用者は図書館員への質問を躊躇することが多いため，窓口には近寄りやすい雰囲気をつくることも必要であろう。その他にも，込み入った質問でも尋ねやすいように，貸出用の窓口から距離をとるなどして，やりとりの内容について利用者のプライバシーが守られることが望ましい。場合によっては，事務室内にインタビューのできるスペースを設けるのもよいだろう。規模の小さな図書館では，レファレンスカウンターなどの専用の窓口を備えることが難しいため，他の窓口との兼用になっていることもある。それでも窓口であることを表示するなどの工夫をすることによって，質問を引き出すことは可能になるであろう。

利用者が情報源を探索する場合，その主なものはレファレンスコレクションであり，それらが備えられているのがレファレンスルームやレファレンスコーナーである。いずれを設けるにせよ，複数の利用者がレファレンスブック類を広げて閲覧したり，書き写したりできるだけのスペースが書架の近くに必要である。レファレンスコレクションは図書館員が利用することもあるし，また，利用者が調査の途中で助けを必要とすることもあるため，大規模な図書館でなければカウンターなど図書館員が近くにいるスペースに設けられていると便利である。

レファレンスコレクションには，印刷体の資料ばかりでなく，データベースやCD-ROM，インターネット上の情報源などの割合が増加しているため，それらのさまざまな情報源にアクセスできるコンピュータ端末を図書館内に備える

ことが必要である。図書館の中には，データベースやインターネット，特定のソフトウェアなどの利用方法について教える機能（チュートリアル）[1]を端末に用意している館もある。またそれらの利用中に助けてくれる図書館員や専門のスタッフを配置している図書館もある。

さらに，以上のようなサービスポイントが利用者の動線から目につきやすい位置にあることや，サービスポイントへのサインが十分に用意されていることも必要であろう。

b. 情報サービスのための情報源の構築

情報サービスに利用される情報源には，レファレンスコレクション，その他の図書館資料と，図書館職員などの人的資源が含まれる。その中で，情報サービスを行う際に中心となるのは，その図書館のレファレンスコレクションである。図書館ではその館のレファレンスコレクションの収集方針などに基づいて，どのようなレファレンスコレクションを構築するか決定し，レファレンスブックやデータベースなどを収集している。レファレンスコレクションの詳細については第7章を参照されたい。

レファレンスコレクションは，主に市販のレファレンスブックやデータベースからなるが，それだけでは，その図書館の利用者の情報ニーズに応えきれないことや，時間がかかり過ぎることがある。そのため，それらを埋めるものとして，その館で独自に作成される情報源である自館製ツールや，新聞記事や雑誌記事の切り抜き，パンフレット類などファイルしたインフォメーションファイルなどが用意されている。これらの情報源は，図書などによって得にくい情報をすばやく提供してくれるため価値は高いが，作成には時間と労力がかかる。そのため，よく尋ねられる分野を中心に作成し，継続的に維持していくことが必要である。

1）チュートリアル（tutorial）とは，ある製品の利用方法や機能について説明した教材やファイルのことである。最近増えているチュートリアルソフトは，指示に従って進めていくと，基本的な利用方法が学べるように作られている。

情報サービスのための情報源は，ますます図書館のウェブサイトを通じても提供されるようになってきている。ウェブサイトでは，データベースや電子ジャーナルへのアクセスだけでなく，それらを有効に利用するために独自に作成された機能が提供されている。例えば，特定の主題の代表的なデータベースや探索の手順などについて記したパスファインダーや提供している複数のデータベースを選ぶための検索機能，個々のデータベースの解題などがある。これらを利用すれば，自分の情報探索において，どの情報源が必要かをわざわざ図書館に出向いて図書館員に尋ねることなく知ることができる。またインターネット上の質の高いサイトを集め，解題を付したリンク集もよく提供されており便利である。

c. 図書館間の相互協力とネットワークの形成

個々の図書館は，所有できる資料に限界があるため，図書館間でネットワークを形成し，資料の貸し借りをすることによって協力し合ってきた。情報サービスにおいても同様に，利用者の求める情報がその図書館で得られなかった場合，より専門的な資料を持っている別の図書館に調査を依頼し，結果を提供してもらうことで互いに助け合っている。このような協力関係によるサービスを協力レファレンスサービスと呼んでいる。

協力関係のネットワークは，地域レベルのごく小さなものから，館種ごとや，全国的あるいは世界的な規模のものまで各種存在する。これまでは電話やファックスによるネットワークが中心であったが，図書館にインターネットが普及したことで，インターネットを通じたネットワークが発達してきている。これによって，これまでは時間がかかっていた書誌情報の検索，調査の依頼などそれぞれの館でできるようになり，図書館間のやりとりの手続きはより早く，簡便になった。同時に相互協力のネットワークへの参加館は増加している。

新たな形の協力レファレンスサービスとして，複数の図書館で運営されるデジタルレファレンスサービスが最近盛んに行われるようになってきている。複数の図書館が，同じソフトウェアやサービスを使い，単一のインターフェイス

を通じて，その利用対象者に対して電子メールやチャット（パソコン通信のやりとり）による情報サービスを提供するというものである。時間枠ごとに担当館を割り当てることでサービス時間帯やサービスできる分野を増やそうとする試みである。また，利用者に対するサービスだけでなく，図書館員がこれまでに個々の館で作成し，それぞれの館でサービスに利用してきたレファレンス質問の事例を複数の館で蓄積したデータベースを作成し共同利用する取り組みも行われ始めている。よりよいサービスを提供するためには，今後も図書館間の協力関係を形成し維持し，発展していく必要がある。

3．各種図書館と情報サービス

ここまでは，情報サービスについて，館種にあまり関係なくそのサービス内容を説明してきた。しかし実際には，これらのサービスは，どの館種の図書館で行われるかによって，何を，どの程度行うかが異なっている。利用者層が図書館の種類によって異なるからである。本節では，公共図書館，大学図書館，専門図書館，学校図書館における情報サービスの特徴を述べる。

a．公共図書館

公共図書館の利用対象者は，特定の地域の住民すべてである。そのため他の館種と比べると利用者層の幅が広く，一般的に利用対象者の人数も多い。利用者層の幅が広く，人数も多いということは，そこに生まれる利用者の情報ニーズも幅広く多様であるということである。図書館では利用者の最大公約数のニーズを予測し間接的サービスによってそれに備えているが，公共図書館は利用者のニーズが多様であるために，間接的サービスによって備えることが最も難しい図書館であるともいえる。そのため，公共図書館では図書館員による個別の対応が，利用者のニーズと間接的サービスとの間にできたギャップを埋めることに貢献できる。そのため，公共図書館では質問回答や利用案内を中心としたサービスが行われることが多い。レファレンス質問としては，事実調査や簡単

な文献探索の必要な質問が中心となる。規模が大きく，調査機能に重点を置いた図書館以外では，一人の利用者に対して労力のかかる SDI や調査質問への回答などが行われることは少ない。

b．大学図書館

大学図書館の利用対象者は，その図書館の所属する大学の学生，大学院生，教職員などである。大学図書館で，利用対象者が抱くであろう情報ニーズは，その大学の学部，学科で扱っている専門分野の知識と，一般教育科目で扱っている知識に関するものが中心である。そのため，必要とされる主題やそのレベルなどは，公共図書館に比べるとはっきりしており，予測して備えることが比較的容易である。それゆえ，情報源の構築などの間接的サービスは効率よく行うことができる。

それでも大学図書館では所蔵する資料が比較的多く，提供される情報源の形態がさまざまで利用方法が複雑である。特に最近では，情報源に占めるレファレンスブック類のデータベースや電子ジャーナルの割合が増加し，サービスの利用方法や検索方法は複雑で，変化も激しい。そのため学生に対しては，案内質問を中心とした質問回答や，利用教育が必要であり，それらが活発に行われている。教員に対しては，カレントアウェネスサービスや調査質問への回答など調査研究を支援するためのより専門的なサービスが行われている。

c．専門図書館

専門図書館の利用対象者は，その専門図書館が所属する機関の構成員である。専門図書館は所属する組織の目的を達成することに対して，情報面から支援するために存在する。そのため専門図書館の利用者がもつ情報ニーズは，図書館が所属する組織がどのような活動を行っているかに左右される。専門図書館は，その規模や所属する組織などという点において違いが大きいため一概には言えないが，扱う主題ははっきりしており，調査研究目的の利用をされることが多い。そのため質問は，調査質問のような込み入った質問が比較的多い。それに

対し，図書館員は，文献調査など専門的な調査を行って回答を提供するなど，他の館種の図書館よりも個別の利用者に対して手厚いサービスが行われやすい。さらには図書館員が利用者の調査を肩がわりして行うこともある。

　専門図書館の利用者はその分野の研究活動を長期にわたって続ける人々であることが多いため，利用教育が必要になることは少なく，情報提供に重点をおいたサービスが提供される。

d．学校図書館

　学校図書館の利用対象者は，その図書館が所属する小・中・高等学校の児童・生徒と教職員である。学校図書館の利用者の抱く情報ニーズは，それぞれの学年に対応した教科の学習に関わる，あるいはそれをより掘り下げるための情報を欲しいというものや，直接教科の学習には関わらないが，彼らの読書に関わる情報ニーズなどが挙げられる。学校図書館は，学校という教育機関に属するので，情報そのものを提供することよりも，図書館や情報源の利用方法を教えることに重点が置かれることが多い。

　しかし学校図書館では，これまで専任の司書教諭があまり配置されなかったため，読書に対する支援も，教科や調べ物に対する支援も，一部の学校を除き，あまり行われてきていないのが事実である。1997年に「学校図書館法」が改正され，11学級以下の学校を除いて，2003年4月1日から司書教諭を配置しなければならなくなったことで，今後の取り組みが注目されている。

　児童，生徒らは，後の人生の中で自らの問題を解決したり，複数の選択肢の中から何かを選んだりすることが必ず必要になる。その際に，いかにうまく問題を解決できるか，いかに適切な選択をできるかは，それらに必要な情報を入手できるかどうかにかかっている。情報を探すという行為が身に付くかどうかは，日々利用する学校図書館での経験や訓練によるところが大きく，その意味でも今後の学校図書館の役割が期待されている。

第4章　情報検索と情報検索システム

　情報サービスを実施するためには，図書館員は，利用者の情報要求に合致した情報を提供するために，レファレンスブックやデータベースなどの情報源を検索する必要がある。あるいは，利用者自身がそのような情報源を検索できるように図書館は情報源や環境を整備する必要がある。近年，情報源としてのデータベースが増加し，図書館でもそれらを提供する機会は増えつつある。

　そこで本章では，情報サービスを提供するという観点から見た情報検索の基礎と，図書館で提供される情報検索システムについて取り上げる。第1節では，情報検索の定義と種類について，第2節では，情報検索システムの構成とデータベースについて，第3節では，図書館で提供される情報検索システムについて，述べてゆく。

1．情報検索の定義と種類

(1)　情報検索とは

　現代社会においては，図書，新聞，雑誌，テレビ，インターネットなどの情報メディアを通じて，膨大な情報が流通している。しかし，人間が一日24時間という制約の中で，実際に読んだり聞いたりすることによって理解できる，もしくは処理できる情報の量は限られている。そのため，さまざまな知的活動に当たっては，膨大な情報の中から自分にとって必要な情報をいかに適切に効率よく入手できるかが重要である。情報検索とは，「いずれ利用されることを想定して蓄積された情報の中からある特定の属性を持つ情報を選び出す行為」[1]であ

---

1)　図書館情報学ハンドブック編集委員会：図書館情報学ハンドブック　丸善　1999　p.535.

る。

　例えば，「行政改革」についてレポートを書く場合，自分が知っていることや考えていることだけでレポートを書くこともできるし，友人や教員，官庁に勤めている知人など，そのテーマについての知識を持っている人々から話を聞いて，それらをまとめることでレポートを書くこともできるだろう。しかし，そのテーマについてあまり知識がない場合，誰に，何を聞けばよいのかさえ思いつかないこともある。また，そのテーマに関して，図書，雑誌論文，新聞記事などが出版されていることも想像できる。そこで図書館へ行って，目録や書誌類を調べ，「行政改革」に関する図書や雑誌論文などを見つけることができたとすれば，それは情報検索を行い，成功したと言えるであろう。図書館は，「いずれ利用されることを想定して」図書や雑誌といった資料を収集し，目録や書誌類を整備し提供することによって，収集した資料の中から利用者が必要とする資料を探し出せるように仕組みづくりをして備えている。

　情報検索は，このように幅広い概念ではあるものの，一般的に情報検索と言った場合，コンピュータを使った情報検索を意味することが多い。さらに図書館情報学分野においては，主として雑誌論文の書誌情報を探すためのシステムを指すことが多い。これは，スプートニク・ショック後の米国において，大量で高度の数値計算をする機械とみなされていたコンピュータを，文献についての情報を探し出すシステムに応用する際，その情報検索システムが，科学技術分野の学術雑誌の論文を対象に構築されたことによる。学術雑誌の論文が対象とされたのは，科学技術分野においては，図書よりも雑誌論文がより利用されると考えられていたためである。

（2）　**検索対象から見た情報検索の種類**

　情報検索にはさまざまな種類があるが，ここでは検索対象となる情報の種類に基づいて，書誌情報検索，全文（フルテキスト）検索，事実（ファクト）検索という代表的な三つの種類を取り上げる。

a. 書誌情報検索

　書誌情報検索とは，利用者が，蓄積された書誌情報を検索し，条件に合致した書誌情報を入手するというものである。最も身近な例としては，図書館の蔵書目録を挙げることができる。蔵書目録には，ある図書館が所蔵している図書のタイトル，著者名，出版年，分類，件名などの書誌情報があらかじめ蓄積されている。利用者は特定の図書のタイトルや件名などから蓄積されている書誌情報を検索し，その条件に合った図書が存在すれば，その図書の書誌情報を得ることができる。医学，生物学，化学，心理学，図書館情報学，教育学など，あらゆる分野で雑誌論文の書誌情報を対象としてオンラインによる書誌情報データベースが多数作成されている。

b. 全文（フルテキスト）検索

　全文検索とは，検索の対象となるのが書誌情報だけでなく，文献の本文全部であるような検索のことである。例えば，新聞記事のデータベースなどを挙げることができる。新聞記事データベースでは，新聞記事全文が蓄積されており，基本的には利用者が何らかの語を入力すると，その語を本文に含む新聞記事が検索され，検索結果として提供されることになる。また全文データベースでは，本文はもちろん，書誌情報も検索対象となっていることから，同時に書誌情報も検索できる機能を備えているものが多い。

　従来，全文データベースは，コンピュータの性能の限界のために，新聞記事，判例，ニュースレター，学会報告など個々の記事が短いものを対象に構築，提供されてきた。しかし，コンピュータの性能が飛躍的に進歩し，また電子形態で作成される文献が増加したため，全文データベースの数や種類と同時に収録されるデータの量も増加している。従来の情報検索の理論やシステムは，書誌事項や抄録を対象とする書誌情報検索を基本として考えられてきたため，現在の全文情報検索も，実用化されているものに関しては，基本的に書誌情報検索と同じ方法で検索がなされている。しかし，書誌情報という限定された対象に対して機能するように考えられていた検索方法や理論が，論文全体というよう

な広範囲を対象としても有効なものであるかどうかは明確ではない。今後は全文（フルテキスト）検索に独自の検索方法，理論，提供方法の開発が進められていくであろう。

c. 事実(ファクト)検索

一定の方式で編成された事項や数字の中から必要とする事項や数字を検索することを事実検索という。例えば，電話帳であれば，個人や企業の名前から，対応する電話番号を入手することができる。これは，個人や企業名に対応する電話番号という事項を検索する事実検索である。

事実検索のためのデータベースの代表的なものとしては，科学技術分野におけるさまざまな物性データベースや，各種統計データベースを挙げることができる。物性データベースとは，物質の物理学的特性を数値や記号で示したデータベースの総称である。例えば，特定の物質に関して，化学構造式，質量スペクトルデータ，X線結晶構造データなどがわかるデータベースがそれぞれ作成されている。統計データベースとしては，国勢調査のデータ，株式・商品相場のデータなどのデータベースが作成され，提供されている。

事実検索の場合，利用者が知りたい事項や数値を検索するために入力するデータと，蓄積されているデータとの照合は，一致するかしないか，という比較的簡単なものである。ある人の電話番号を知りたいとすると，その人の名前から検索をして，その名前がデータベースの中にあれば電話番号を入手でき，その名前がデータベースの中になければ電話番号を入手できない。物性データベースでは，どのような形で各種物性のデータが蓄積されているかがそれぞれ異なり，それを理解するためには専門的な知識を必要とする。しかし，データの検索という点からいえば，例えば，物質名というデータが照合されるか否かという単純なものである。ただし，照合された結果，提供される化学構造式やX線結晶構造データなどの表示にあたっては，各種グラフや表などを使う必要があり，複雑な処理が要求される。

（3） 検索形態から見た情報検索の種類

情報検索を，前述のように幅広い概念としてとらえた場合，その検索方法は，印刷体の情報源を使って検索をするマニュアル検索と，電子形態で蓄積された情報を，コンピュータを通じて検索するコンピュータ検索とに分けることができる。以下では，マニュアル検索とコンピュータ検索について解説する。

a．マニュアル検索

マニュアル検索とは，冊子体のレファレンスブック類から，その目次や索引などを使って検索を行うことである。冊子体の書誌や索引類の場合，掲載されている文献の書誌情報は，通常，件名や分類記号によって分類され，排列されている。そのため，ある主題についての文献を探している場合，探している書誌などの中の該当する主題の文献が分類されている部分を目次や索引から特定し，そこに記載されている書誌情報を1件ずつチェックしながら，自分が欲しい文献を探していくことになる。その主題に分類された文献数が多ければ，チェックには時間と労力がかかる。また，主題からの検索に必要な事項索引などの作成には多大な労力がかかるため，作成されていないこともあり，コンピュータ検索に比べると，文献へのアクセス方法は限定的である。しかし書誌に記載されている前後の文献を見ることによって，コンピュータ検索でヒットしないような文献の発見につながることもあるため，コンピュータ検索よりも有効な検索となることもある。

b．コンピュータ検索

マニュアル検索が，冊子体のレファレンスブック類から，その目次や索引を使って検索を行うことであるのに対し，コンピュータ検索とはコンピュータに蓄積されているデータに対して，利用者がコンピュータ端末を通じて必要とする情報の検索条件を入力し，それに適合した情報を検索し，入手することである。

コンピュータ検索には，一定の量の情報が蓄積されたCD-ROMだけを対象に

検索を行うオンディスク検索と，オンラインを通じてデータベースにアクセスし検索を行うオンライン検索とがある．常時接続による料金設定が一般的になり，その通信費用が安くなったことで，CD-ROMによって提供されるデータベースは減少し，オンラインでアクセスできるデータベースが増加してきている．

以下に，最終的に文献を入手するために必要となる，書誌情報検索と全文検索におけるコンピュータ検索の特徴をまとめる．

① **大量の情報の中から，必要な情報を迅速に検索することができる**

冊子体の書誌や索引類は，一般的に文献へのアクセス方法があまり多く用意されていない．また，出版物を長期間の収録範囲にわたって検索する必要がある場合には，その期間を収録する複数の書誌や索引を検索しなければならないことが多い．そのため，マニュアル検索には時間と労力がかかるものである．それに対してコンピュータ検索では，自分の要求を検索式として的確に表現することができれば，一年分のデータを検索する場合も，20年分のデータを検索する場合も，時間的にはほとんど変わらず，一瞬のうちに，求める文献を検索することができる．さらに検索結果の書誌情報から必要なものを選んでリストを作成し，プリントアウトしたり，検索結果を電子メール（e-mail）で送ったりすることも簡単にできる．

ただし，マニュアル検索では，検索の過程において前後の文献のブラウジングをしたり，全体を鳥瞰することが可能であったが，コンピュータ検索ではこれらは難しい．また，データベースごとにインターフェイスが異なる上，データベースに収録される文献の範囲や分野などの変化が比較的多いため，それらを把握して適切なデータベースを選択し，検索方法に精通することは容易なことではない．図書館にはデータベースの検索に不慣れな利用者も存在する．コンピュータ検索の増加に伴って，それらの利用方法についての新たな利用教育が必要とされている．

② **多様な観点から，効率よく検索することができる**

マニュアル検索の場合，文献にアクセスするための方法は，主題による分類，著者名索引，タイトル索引などが一般的である．これらすべてを兼ね備えてい

ない場合もあり，利用者の欲しい文献が断片的な書誌情報しかもたず，必要な見出し語や適切な主題の表現がわからない場合などは検索が困難である。

一方，コンピュータ検索では，図書であれば，タイトルや，著者名はもちろんのこと，出版者，出版年，ISBN，件名などから，雑誌論文であれば，雑誌のタイトル，ISSN，出版年月，巻号，索引語などさまざまな方法が用意されていることが多い。そのためコンピュータ検索では，マニュアル検索よりも多様な観点から検索をすることが可能である。さらには，これらの組み合わせによって，より必要とする条件にかなった文献を効率よく検索できる。

③ **コストが多大である**

コンピュータ検索を行うためには，コンピュータ端末，通信機器，CD-ROMドライブ，その他の周辺機器などが必要である。これらの設備は，以前に比べると価格は下がってきているが，高価であることには変わりない。機器にはメンテナンスが必要になるため，その維持費も継続的に発生する。また，検索の対象であるデータベースは種類が豊富になり，冊子体から完全に移行するものも増えつつあるが，それ自体の価格が高価である。図書館内のネットワークを通じて提供するならば，図書館内の環境の整備が必要であるし，提供されるデータベースの収録範囲や分野などの変化を把握して必要なデータベースを契約したり，更新をしたりという，余分な労力も必要になる。ネットワークを通じて外部からのアクセスも認めるならば，認証などのセキュリティの問題も発生する。つまり，コンピュータ検索のできる環境を提供するためには，導入に先立っての機器や設備だけでなく，継続的に発生する維持費，それらの環境を維持できる知識と技術をもった職員などが必要である。そのため，それらにかかるコストは大きく，導入の妨げになっている場合が多い。

2．情報検索システムの構成とデータベース

情報サービスのための情報検索においては，オンライン検索の占める割合が増加しつつある。オンライン検索の対象となるデータベースは，通常，情報検

索システムを通じて提供されている。そこで本節では,まず情報検索システムについてその蓄積過程と検索過程を説明し,次にそれらの過程にかかわってデータベースの作成から提供までに現われる諸要素について述べる。

(1) 情報検索システムにおける蓄積過程

情報検索とは,「いずれ利用されることを想定して蓄積された情報の中からある特定の属性を持つ情報を選び出す行為」[1]であり,そのような行為を可能にする機能を備えたシステムを情報検索システムと呼んでいる。図書館でよく利用される書誌情報検索,つまり文献を探すための情報検索システムにおいて検索式が照合されるまでの蓄積過程と検索過程について図式化したものが4-1図である。

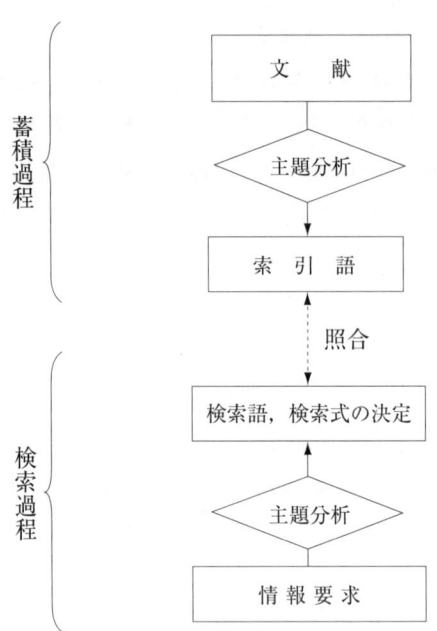

4-1図　情報検索システムにおける蓄積過程と検索過程

---

1) 図書館情報学ハンドブック編集委員会:図書館情報学ハンドブック　丸善　1999　p.535.

蓄積過程においては，それぞれの文献についての情報，すなわち書誌情報（著者名，出版年など）が索引語として蓄積される。同時に文献について，その文献の主題を表わす索引語が索引作成者によって抽出あるいは付与される。情報検索システムでは，これらを基にして索引ファイルが作成され，利用者の作成した検索語，検索式と照合されることによって検索結果が導き出される。

利用者が，著者名からその著者の書いた文献を検索できるようにするためには，蓄積過程において，著者名とそれに対応する文献を同定する記号とで構成される索引ファイルを作成しておく必要がある。そうすれば，例えば「鈴木浩一」という著者名とその人の書いた文献「105」番とは対応し，文献「105」とその文献の書誌情報とが結びつけられている。その結果，利用者が「鈴木浩一」が著者である文献を探したいということを示す検索式を，情報検索システムに入力することにより，文献「105」番についての書誌情報を入手することができる。

以上のような方法を用いて，情報検索システムにおいては，多様な種類の索引ファイルを用意することができる。著者名やタイトル，ISBN などに関する索引語は，特定の著者による文献や特定のタイトルの文献を探したいという要求には的確に応えることができる。しかし文献を探すための情報検索においては，それだけでは不十分であり，利用者の主題による情報要求にも適切に応えることが求められる。つまり，索引作成者によって文献の主題についての索引語が，適切に抽出あるいは付与されていなければならない。

a. 索 引 語（indexing term）

すでに述べてきたように，索引語には，主題内容を表わす言葉や分類記号などと，それ以外の書誌情報とが挙げられる。主題内容を表わす索引語には，本文や抄録などの中からそのまま抽出され，何の統制も受けない非統制語彙（uncontrolled vocabulary）と，その意味範囲や使い方が限定される統制語彙（controlled vocabulary）とがある。非統制語彙は，タイトル，抄録，本文などの中で使われる語そのもので，非統制語，フリータームなどとも呼ばれる。統制語

彙とは，文献の主題に対する分類記号，件名，ディスクリプタなどである。分類記号は分類表を使って，件名は件名標目表を使って，ディスクリプタはシソーラス（thesaurus）を使って付与される。

　主題を表わす索引語として非統制語彙を使用するか，統制語彙を使うかによってそれぞれ長所と短所が挙げられる[1]。非統制語彙を使用する場合は，一度検索システムを作ってしまえば，個々の文献への索引作成に人手がかからず，入力の時間やコストが少なくてすむ。また，著者の使用している語をそのまま使うので，著者独自の特定的な語や新しい専門用語にも対応しやすい。しかし，著者が使用している語をそのまま使うがゆえに，語の使われ方のゆれや，同義語に対処できないという点も指摘できる。例えば「OPAC」に関する論文が欲しい場合，その主題を表わす索引語は，「OPAC」「online public access catalog」「オンライン閲覧目録」「オンライン利用者目録」など多様な表現がなされている可能性がある。そのため，利用者が「OPAC」という語で検索をすると，その語がタイトルや本文中に含まれる文献を検索することはできるが，他の表現を使って書かれたOPACを主題とする論文は検索されない。

　主題を表わす索引語として統制語彙を使用する場合は，索引作成者が文献を主題分析し，その文献が扱っている主題を，分類表やシソーラスという体系に基づいて決められた索引語として表現する。そのため，同義語や類似した概念のゆれの問題はなく，利用者がその体系に基づいて検索式を作成すれば適切な検索ができる。

　「OPAC」という主題の文献を探したいという例で言えば，文献中で「オンライン閲覧目録」という用語が使用されていても，シソーラスで「OPAC」という用語を使うと決められていれば，この主題を扱う文献にはすべて「OPAC」という索引語が付与されているはずである。そのため，利用者が自分の求めている文献の主題には「OPAC」という語を使うべきであるということをシソーラスで調べてから検索を始めれば，必要な主題の文献をもれなく検索することができ

1）　Jean Aitchison, Alan Gilchrist 著，内藤衛亮ほか訳：シソーラス構築法　丸善　1989　p.195.

る。しかし，文献に対するこのような専門的な索引付与は高度な知識が必要とされ，その時間もコストも膨大なものとならざるをえない。また，個々の文献で使われる新しい概念や用語は，シソーラスに収録されなければ統制語彙として使うことはできないため，シソーラスの維持には労力がかかってしまう。また利用者にとっても，適切な文献を検索するためには，分類表やシソーラスを事前に調べておくという手間が必要になる。

b．シソーラス（thesaurus）

主題を表わす索引語として統制語彙を使用する場合，索引作成者が文献の主題を分析し，その文献が扱っている主題を，シソーラスの体系に基づいてディスクリプタとして表現すると説明してきた。ここではこのシソーラスとディスクリプタの構成について述べる。

シソーラスとは，索引語あるいは検索語として使用できる語であるディスクリプタをリスト化し，使用できない語から使用できる語，つまり非統制語彙から統制語彙へ参照によって導くものである。より厳格に定義をすると，「統制された索引言語の語彙リストで，概念間のあらかじめ決定できる関係を組織化して明示するものであり，データベースや冊子体の索引，目録などの情報検索システムで利用するもの」[1]ということができる。

件名標目表も件名として使用できる統制語彙のリストであるが，索引対象は主に図書であり，図書館で蔵書目録を作成する際の件名を付与するために主に利用されるためのものであるという点においてシソーラスとは異なる。

実際のシソーラスは，ディスクリプタを音順に排列した部分と，体系的に排列した部分から成っている。4-1表は，架空のシソーラスから50音順のディスクリプタの記載を抜き出したものである。

4-1表のそれぞれのディスクリプタのもとに列挙された記号には表中枠内の「：」以下の意味があり，記号の後に示されるのが（　）内の語や説明である。

1）Jean Aitchison，Alan Gilchrist 著，内藤衛亮ほか訳：前出書　p.1．

4-1表 シソーラスにおける50音順のディスクリプタの記載例

学校図書館
 RT 公共図書館
県立図書館
 BT 公共図書館
公共図書館
 SN 地方自治体に属する図書館で，所定の地域住民にサービスを提供する機関
 UF 公立図書館
 BT 図書館
 NT 県立図書館
   市町村立図書館
 RT 学校図書館
   児童図書館
公立図書館
 USE 公共図書館
市町村立図書館
 BT 公共図書館
図書館
 NT 公共図書館

> BT：上位語（階層関係で上位にある語）
> NT：下位語（階層関係で下位にある語）
> SN：スコープノート（ディスクリプタの意味や範囲の説明）
> UF：〈を見よ〉参照あり（非ディスクリプタ）
> USE：〈を見よ〉参照（ディスクリプタ）
> RT：関連語（関連関係にある語）

「公立図書館」という語をこのシソーラスで検索した場合，「USE」から，そのシソーラスを使って作成された検索システムにおいては「公立図書館」ではなく「公共図書館」がディスクリプタとして採用されていることがわかる。「公共図書館」の項目「SN（scope note）」からは，「公共図書館」というディスクリプタの意味や範囲がわかり，「NT（narrower term）」「BT（broader term）」からは，「公共図書館」の概念の上位語や下位語としてどのようなディスクリプタがあるか，「RT（related term）」からは関連語としてどのようなディスクリプタがあるかを知ることができる。また，「UF（used for）」からは，「公立図書館」がディスクリプタとしては使用されておらず，参照関係で「公共図書館」へ導かれていることがわかる。

このように，シソーラスでは，同義関係，階層関係，関連関係などによって

ディスクリプタの意味を示し，限定することによって，語彙を統制している。情報検索システムの蓄積過程においてシソーラスが用いられ，語彙が統制されていれば，検索の際に生じる検索漏れを減らすことが可能になる。

（2） 情報検索システムにおける検索過程

情報検索システムにおける検索過程とは，何がしかの文献を入手したいという情報要求をもった利用者が，ある情報検索システムにおいて蓄積された情報を検索し，要求を満たすような結果を入手するまでの過程である。4-1図は情報検索システム内で利用者の情報要求が蓄積された情報と照合されるまでの過程を表現するものであるため，利用者が情報検索システムを利用して文献を入手するまでの過程を4-2図にまとめた。

最初に，利用者が何か文献を欲しいという情報要求を抱くことから情報検索は始まる。利用者は自分の抱いた情報要求を分析し，言葉として表現された検索質問として明確にしておく必要がある。そしてその検索質問に対して適切な文献を含んでいそうな情報検索システムを選択する。さらにその検索質問を，選択した情報検索システムにとって適切な検索語とそれを用いた検索式で表現しなければならない。

検索式に使用する語は，その情報検索システムが統制語彙を使っている場合，シソーラスを使って事前に特定しておかねばならない。シソーラスはその意味では，蓄積過程において使われると同時に，検索過程においても使われるものである。

このように情報要求を分析し，検索質問を明確化し，それに合ったデータベースや

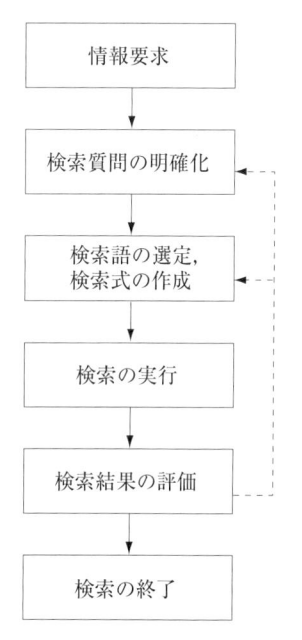

4-2図　情報検索の流れ

情報要求 → 検索質問の明確化 → 検索語の選定，検索式の作成 → 検索の実行 → 検索結果の評価 → 検索の終了

検索語，検索式を決定しておくことを検索戦略と呼んでいる。検索式の実行の前に，このような検索戦略を的確に立てることにより，結果的には，より効率のよい検索を行うことができる。また，検索戦略とは，主題だけではなく，必要となる文献の量などさまざまな観点から考えておく必要がある。情報検索システムの検索を，利用者自身ではなく代行検索者が行う場合であれば，代行検索者は，事前のインタビューによって利用者の情報要求を明確にしておかなければならない。

　検索戦略において作成された検索式によって，実際の情報検索システムで検索が実行されると，検索結果の文献を得ることができる。次の段階では，検索結果が，利用者の情報要求を満たしていたかどうかという評価が行われる。最初に作成した検索式から，利用者の情報要求に合致した文献が得られるとは限らず，特に主題による検索では，必要な文献を検索し損なったり，適切でない結果ばかりが大量に得られることも多い。検索結果がどの程度満足のできるものであるかを示す概念を適合性と呼び，検索結果と情報要求あるいは検索質問との間の一致の度合いで表わされる。適合性が判断されるためには，実際には利用者自身の置かれている状況などによって生じる主観的な観点が作用しているが，数量化した尺度を作成することが難しいため，現在使用されるのは客観的な適合性に基づく尺度である。この尺度として最も一般的なものが，蓄積された情報のうちの適合情報と，検索された情報との割合によって検索が成功したかどうかを評価する再現率（recall ratio）と精度（precision ratio）である（4-3図参照）。

　再現率とは，情報要求に合っている適合情報全体のうち，どれだけが検索されたかを示す尺度で，4-3図でいうと，B／(A+B)で表わされる。**精度**とは，検索された情報のうち，適合とされる情報がどれだけがあったかを示す尺度であり，4-3図でいうと，B／(B+C)で表わされる。図のAの部分は，情報要求に適合する情報であったにもかかわらず検索されなかった情報であり，検索漏れと呼ばれる。また，図のCの部分は，検索はされたものの，情報要求に対して適合しなかった情報であり，ノイズと呼ばれる。

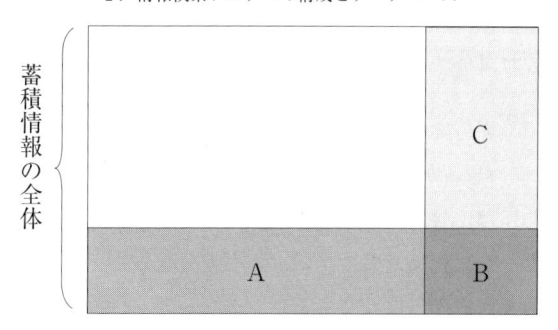

2．情報検索システムの構成とデータベース　　　　　　　　　　　　　　　　　*81*

蓄積情報の全体｛

A＋B：情報要求に合致する適合情報全体
B＋C：検索された情報全体
B：検索された適合情報

4-3図　　再現率と精度

　再現率と精度は，反比例の関係にあり，一方を高めようとすると，もう一方が下がることになってしまう。そのため，どちらか一方ではなく，両方の尺度によって総合的に評価をするものである。
　この再現率と精度は，情報検索を評価する基本的尺度として普及している。しかし，実験的な検索システムを構築して，その性能を評価する場合は別として，実用化されている情報検索システムにおいて，正確な再現率を測ることはできない。なぜなら，再現率を測るには，情報要求に適合する情報すべてを知らなければならないが，これは検索したい未知の部分であり，実質上これを知ることは不可能だからである。そのため，実際の場面では，A＋Bに含まれていることが確認されている既知の適合情報 A′＋B′ のうちどの程度が検索されたかを示す B′／A′＋B′ が，検索結果や情報検索システムの評価に使用されている。
　上記のような過程を経て，検索結果は評価され，それが利用者にとっての情報要求を満たしていない場合には，情報要求を改めて見直して検索戦略を修正して，再度検索質問の明確化，あるいは検索式の作成から始めることになる。この過程が繰り返され，最終的に利用者が検索結果に満足できれば，検索過程は終了する。

（3） 商用データベース作成から提供までに現われる諸要素

　図書館において提供される情報検索システムの代表は，商用データベースであり，商用データベースが作成され提供されるまでにはさまざまな要素が関わっている。具体的には，プロデューサー，ディストリビューター，インフォメーションブローカーや代行検索者，エンドユーザーなどがそれにあたる。

　データベースを作成する機関であるプロデューサーは，文献の収集から個々のデータの作成に関わるあらゆる業務を行う組織や企業である。例えば，「雑誌記事索引ファイル」というデータベースのプロデューサーは，国立国会図書館であり，データベースのための雑誌記事の書誌情報は国立国会図書館が作成している。

　冊子体の索引誌や抄録誌であれば，作成機関がデータを作成し印刷物として出版されれば，利用者は図書館や自身で購入することによって直接それを利用することができる。しかし，オンライン情報検索システムのデータベースの場合，データベースを検索できるシステムが作成され，提供されてようやくエンドユーザーが利用できる。この情報検索システムを作成し，情報検索サービスを提供する機関を，ディストリビューターあるいはベンダーなどと呼んでいる。例えば，「雑誌記事索引ファイル」というデータベースのディストリビューターは，「日外アソシエーツ」である。日外アソシエーツは，「雑誌記事索引ファイル」というデータベースを，「NICHIGAI／WEBサービス」という検索システム（サービス）を通じて提供している。「JSTPlus」というデータベースを作成し「JDream」という検索システム（サービス）を通じて提供する，科学技術振興機構（JAPAN SCIENCE AND TECHNOLOGY AGENCY：JST）のように，プロデューサーがディストリビューターを兼ねている例もある。

　情報検索システムを通じてデータベースを検索するのは，検索をしたいというエンドユーザーであることもあるが，インフォメーションブローカーと呼ばれるサービス業者が，有料で情報を検索し，収集し，分析して利用者に提供することもある。これは，エンドユーザーが個人でサービスを利用するにはコス

トが高価であることや，オンライン情報検索には専門的な知識と技術が必要とされるためである。図書館などにおいて，代行検索者が利用者からアクセスの料金の実費をもらって利用者の代わりに検索戦略を立て，情報検索を行って情報を提供することもある。

3．図書館における情報検索システム

　書誌情報検索のためのツールは，従来の冊子体から，ますます電子形態による情報検索システムを通じたデータベースによる提供へと移行してきている。
　現在，各図書館が提供する情報検索システムは，商用データベースと，その館の所蔵目録の書誌情報を検索するためのオンライン閲覧目録（online public access catalog：OPAC）とが中心となっている。そこで，本節では，図書館における商用データベースとOPACとの導入状況について紹介する。
　日本図書館協会が毎年実施する調査に基づいて作成されている『日本の図書館』では，国内の大学図書館と公共図書館の現況についてさまざまなデータが収集され公表されている。この2002年版（2002年4月1日（公共図書館調査）と5月1日（大学図書館調査）を基準として行われた調査の結果）において公表されているデータのうち，「コンピュータの導入」として，各図書館に「OPAC検索（館内）」「CD-ROM検索」「外部データベース」を提供しているかどうかを尋ねた項目がある。それぞれの項目の調査結果は，館内でこれらの検索システムを提供しているかどうかを表わしている。ただし「CD-ROM検索」，「外部データベース」に関しては，その数や内容について知ることができないため，1件しか提供していない館も，多数提供している館も同じものとして扱われていることには留意しなければならない。大学図書館についてはこれらのデータを，国立大学図書館，公立大学図書館，私立大学図書館ごとに，公共図書館については，都道府県立図書館，市町村立図書館ごとに集計し，それぞれの導入割合を付してまとめたのが4-2表と4-3表である。
　大学図書館では国公立大学の大学図書館において，OPACは8割以上が導入

4-2表 大学図書館における情報検索システム導入状況（2002年）

	OPAC	CD-ROM	外部データベース
国立	86%（318館）	70%（260館）	70%（260館）
公立	80%（126館）	58%（91館）	47%（75館）
私立	67%（877館）	52%（682館）	48%（636館）
計	72%（1321館）	56%（1033館）	53%（971館）

4-3表 公共図書館における情報検索システム導入状況（2002年）

	OPAC	CD-ROM	外部データベース
都道府県立図書館	91%（58館）	66%（42館）	48%（31館）
市区町村立図書館	75%（1970館）	21%（547館）	10%（251館）
計	75%（2028館）	22%（589館）	10%（282館）

（4-2表，4-3表とも，『日本の図書館2002』（FD版）日本図書館協会2003をもとに作表）

されている。かたや私立大学図書館では67%と少ない。国立大学図書館ではデータベースの導入率が70%と高いが，公立大学図書館と私立大学図書館では半数にも満たない。いずれも国立大学図書館において導入の割合が高いことが見てとれる。1995年に廣田らが全大学図書館を対象に実施した（回収率73.6%）同様の調査項目を含む調査結果[1]と比較してみると，公立大学図書館におけるOPACの導入率が当時の56%から現在では80%に大きく増加していることと，国立大学図書館における外部データベースの導入率が55%から70%に増加していることを除くと，あまり変化はみられない。

公共図書館では，OPACの導入率は全体でも7割を超え，特に都道府県立図書館では91%と高い割合で導入が実現されていた。その一方で，CD-ROMと外部データベースの導入率はあまり高くない。特に市区町村立図書館では，CD-ROMで21%，外部データベースで10%と低く，都道府県立図書館との差が大きいことがわかる。

---

1) 廣田とし子・上田修一：大学図書館における電子情報源の利用教育調査。*Library and Information Science*. No.33, 1995, p.83-94.

以上のように，OPACは大学図書館でも公共図書館でも相当の割合で導入されるようになってきていると言えるが，CD-ROMや外部データベースなどの検索システムを導入する図書館の割合はOPACを導入する図書館に比べると低く，特に公共図書館で低いことがわかる。すでに本章1.(3)，(p.71〜) で述べたように，これらの導入には，設備や維持のためのコストが妨げになっていることが想像できる。それでも，そのような障壁は少しずつ低くなってきており，また，これらの検索システムの導入は，数値としてはわずかではあるが，増加の傾向にある。多様化し，専門化する利用者の情報要求に対応するためには，これらの情報検索システムを積極的に導入し，図書館の情報サービスとして発展させていくことが期待されている。

第5章　情報サービスの組織と資源

1．組織と情報サービス

(1) 組織の中での位置づけ

　情報サービスを提供するにあたり，図書館のどのようなところで，どのような人が，何を使って，どのようにして，誰に対して，どんなサービスをするのかを明確にする必要がある。そのためには，予算措置をとり，図書館を組織化し，人員を配置して，情報資源を収集し，サービスの提供に当たらなければならない。

　図書館は，国立国会図書館を筆頭に，公共図書館，大学図書館，専門図書館，学校図書館などがあり，それぞれに規模や利用対象者の違いがあるものの，その多くは，レファレンス，閲覧，貸出，ILL (interlibrary loan の略称で相互貸借の意味，以下 ILL と記す) などの直接サービスと，選書，収書，分類，目録，装備，保管，総務（人事管理，予算管理，文書管理）などの間接サービスから成り立っている。

　また近年，電子媒体資料の普及や導入によりネットワーク管理なども間接サービスの一つとして位置づけられる。

　通常，図書を選定して書架に並べられるまでには，選書 → 収書（支払いを伴う）→ 目録 → 分類 → 装備 → 排架 → 保管 の手順を踏む。書架に並んだ図書は，閲覧，貸出，ILL，レファレンスなどのサービス対象となり，保管されていく。

　こういった一連の作業とサービスは，図書館の構成要素である，① 図書館で扱う資料（図書，雑誌，視聴覚資料，電子資料などを含む），② 図書館という建物（施設，ネットワーク環境などを含む），③ 図書館に必要な予算（資料購

入費，人件費，光熱費などを含む），④ 図書館で働く人（図書館員，委託職員などを含む）が揃って始めて成り立つものである。

その中で，情報サービスは，利用者からの質問回答や利用指導などを含むレファレンスサービスを核に，利用者に最新情報を定期的にサービスするカレントアウェアネスサービス（SDIサービス，コンテンツサービスともいう），利用者の要求に対して，適切な専門家や専門機関に照会して情報を入手し，提供するレフェラルサービス，また，それらに付随する情報検索サービスを総称していう。

ここでは，図書館という組織の中で情報サービスの位置づけと人員配置はどのようになっているのかを示す。

a．館種別にみる組織図

国立国会図書館，公共図書館，大学図書館，専門図書館，学校図書館の組織図を順に見ることにしよう。

まず，国立国会図書館(本館)の組織図は5-1図のとおりである。

平成14年4月からの編成では，レファレンスの統括部門として，旧専門資料部を母体に再編された主題情報部を置いている。「部の事務を統括する参考企画課，科学技術分野と経済社会分野との境界領域にわたる主題への対応を強化することをねらいとした科学技術・経済課，人文分野に図書館情報学分野・地図資料を加えた人文課，政治史料課，古典籍課，新聞課の六課」を構成するとともに，「調査及び立法考査局には，国政審議に不可欠な資料である法令資料，議会資料，官庁資料，国際機関資料および法律政治分野の参考図書を統合的に利用可能とする議会官庁資料課を設置し，国会サービスを強化するとともに一般利用サービスを拡充する」ことを目指している。レファレンスサービスにおいては利用者ごとに窓口が図書館協力部と専門資料部に分かれていたのが主題情報部に一本化している[1]。主題情報部には，現在96名(すべて専任)がいる。

1）『現代の図書館』vol.41, No.3（2003.9）p.143-153.

国立国会図書館

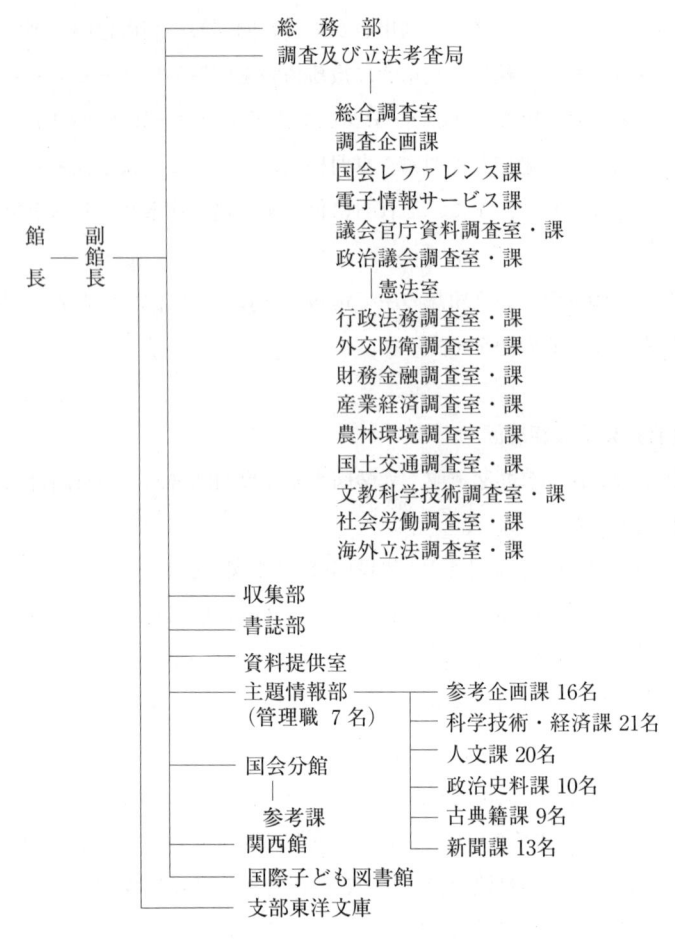

```
館長 ─ 副館長 ┬─ 総務部
              ├─ 調査及び立法考査局
              │    │
              │    ├ 総合調査室
              │    ├ 調査企画課
              │    ├ 国会レファレンス課
              │    ├ 電子情報サービス課
              │    ├ 議会官庁資料調査室・課
              │    ├ 政治議会調査室・課
              │    │    │憲法室
              │    ├ 行政法務調査室・課
              │    ├ 外交防衛調査室・課
              │    ├ 財務金融調査室・課
              │    ├ 産業経済調査室・課
              │    ├ 農林環境調査室・課
              │    ├ 国土交通調査室・課
              │    ├ 文教科学技術調査室・課
              │    ├ 社会労働調査室・課
              │    └ 海外立法調査室・課
              ├─ 収集部
              ├─ 書誌部
              ├─ 資料提供室
              ├─ 主題情報部 ┬ 参考企画課 16名
              │  (管理職 7名) ├ 科学技術・経済課 21名
              │              ├ 人文課 20名
              ├─ 国会分館    ├ 政治史料課 10名
              │    │        ├ 古典籍課 9名
              │    参考課    └ 新聞課 13名
              ├─ 関西館
              ├─ 国際子ども図書館
              └─ 支部東洋文庫
```

5-1図 国立国会図書館組織図
(『国立国会図書館月報』492号 (2002.3) p.9 および問い合わせをもとに作成)

　次に，公共図書館の代表的な例として，情報サービスが最も充実している東京都立図書館の場合を示す (5-2図)。

　公共図書館の情報サービスに関する条文は，図書館法（昭和25年4月30日制

1. 組織と情報サービス

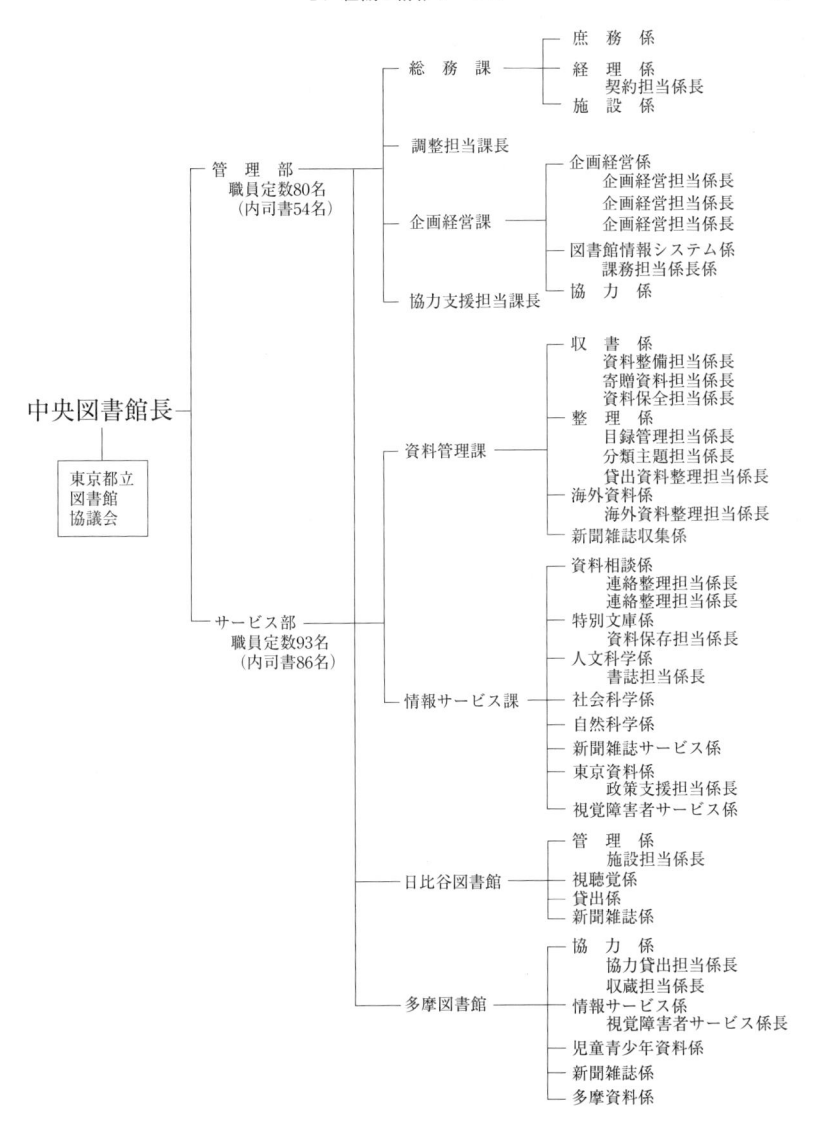

```
中央図書館長 ─┬─ 管理部 ──┬─ 総務課 ──┬─ 庶務係
             │  職員定数80名 │           ├─ 経理係
             │  (内司書54名) │           │   契約担当係長
             │              │           └─ 施設係
             │              ├─ 調整担当課長
             │              ├─ 企画経営課 ──┬─ 企画経営係
             │              │              │   企画経営担当係長
             │              │              │   企画経営担当係長
             │              │              │   企画経営担当係長
             │              │              ├─ 図書館情報システム係
             │              │              │   課務担当係長係
             │              │              └─ 協力係
             │              └─ 協力支援担当課長
             │
   東京都立   │
   図書館     │
   協議会     │
             │
             └─ サービス部 ──┬─ 資料管理課 ──┬─ 収書係
                職員定数93名 │              │   資料整備担当係長
                (内司書86名) │              │   寄贈資料担当係長
                             │              │   資料保全担当係長
                             │              ├─ 整理係
                             │              │   目録管理担当係長
                             │              │   分類主題担当係長
                             │              │   貸出資料整理担当係長
                             │              ├─ 海外資料係
                             │              │   海外資料整理担当係長
                             │              └─ 新聞雑誌収集係
                             ├─ 情報サービス課 ──┬─ 資料相談係
                             │                  │   連絡整理担当係長
                             │                  │   連絡整理担当係長
                             │                  ├─ 特別文庫係
                             │                  │   資料保存担当係長
                             │                  ├─ 人文科学係
                             │                  │   書誌担当係長
                             │                  ├─ 社会科学係
                             │                  ├─ 自然科学係
                             │                  ├─ 新聞雑誌サービス係
                             │                  ├─ 東京資料係
                             │                  │   政策支援担当係長
                             │                  └─ 視覚障害者サービス係
                             ├─ 日比谷図書館 ──┬─ 管理係
                             │                │   施設担当係長
                             │                ├─ 視聴覚係
                             │                ├─ 貸出係
                             │                └─ 新聞雑誌係
                             └─ 多摩図書館 ──┬─ 協力係
                                            │   協力貸出担当係長
                                            │   収蔵担当係長
                                            ├─ 情報サービス係
                                            │   視覚障害者サービス係長
                                            ├─ 児童青少年資料係
                                            ├─ 新聞雑誌係
                                            └─ 多摩資料係
```

5-2図 東京都立図書館運営組織図 （平成15年7月1日現在）
（『東京都立図書館事業概要　平成15年度』東京都立中央図書館（2003.7）ならびに問い合わせをもとに作成。専任職員の他に，嘱託員130人強配属。）

定,平成11年12月22日最終改正,平成13年1月6日施行)第3条「図書館奉仕」の第3項ならびに第7項で,以下のような基本的な考えを述べている[1]。

第3条第3項

図書館の職員が図書館資料について十分な知識を持ち,その利用のための相談に応じるようにすること。

第3条第7項

時事に関する情報及び参考資料を紹介し,及び提供すること。

東京都教育委員会ではレファレンスサービスに関する事項として次の内容が示された[2]。

- 高度・高品質なレファレンスサービス
- 情報通信技術を活用した都立図書館独自のサービス
- 政策立案の支援と都政情報の提供
- 協力レファレンス(区市町村立図書館・都立学校等)
- 研修(交換派遣研修・区市町村立図書館職員対象の研修)
- 産業活動等活性化への支援

では,大学図書館ではどうであろうか。総合図書館と分館,さらには部局図書室を所有する京都大学附属図書館の例を示す(5-3図)。

大学図書館の事務組織は,国立,公立,私立という設置の主体別に改善要綱があり,それぞれに学部数や蔵書数に応じて類型化している。昭和28年1月に文部省から発表された「国立大学図書館改善要項」の国立大学図書館組織機構図第1表では,京都大学のような6学部以上50万冊以上(分館は含まない)の大学組織の場合には,館長,次長(または副館長)の下に,総務部・整理部・運用部・調査研究部の四つの事務部を設け,運用部に参考調査係を置くように例示している。

しかし,国の機械化が進むとともに,組織名称も変化し,現在では,5-3図

---

1) http://www.jla.or.jp/law.htm 参照
2) 都立図書館のあり方検討委員会『今後の都立図書館のあり方』東京都教育委員会,2002.1,25p.

1. 組織と情報サービス

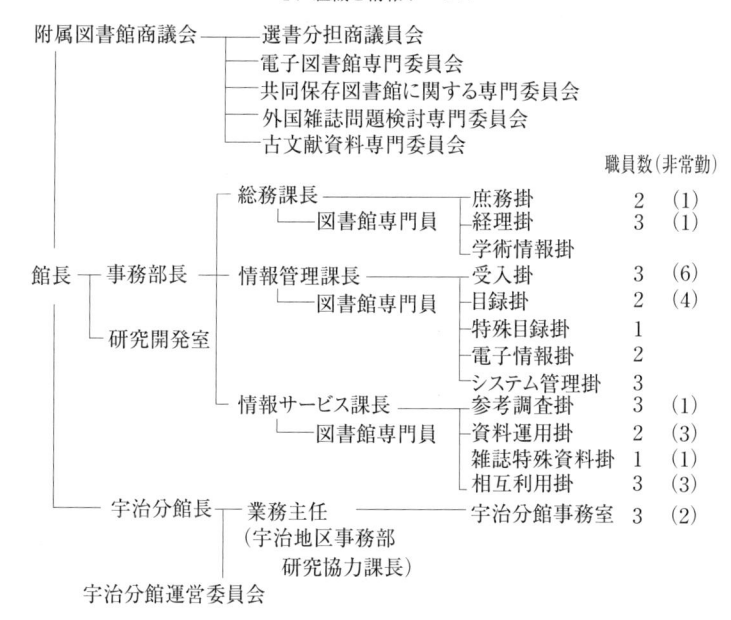

```
附属図書館商議会──┬─選書分担商議員会
                  ├─電子図書館専門委員会
                  ├─共同保存図書館に関する専門委員会
                  ├─外国雑誌問題検討専門委員会
                  └─古文献資料専門委員会
                                                    職員数(非常勤)
館長─┬─事務部長─┬─総務課長─────┬─庶務掛        2  (1)
     │          │              └─図書館専門員  ├─経理掛        3  (1)
     │          │                               └─学術情報掛
     │          ├─情報管理課長───┬──────────┬─受入掛        3  (6)
     │          │              └─図書館専門員  ├─目録掛        2  (4)
     │          │                               ├─特殊目録掛    1
     │          │                               ├─電子情報掛    2
     │          │                               └─システム管理掛 3
     │          └─情報サービス課長─┬──────────┬─参考調査掛    3  (1)
     │                            └─図書館専門員├─資料運用掛    2  (3)
     │                                           ├─雑誌特殊資料掛 1 (1)
     │          └─研究開発室                     └─相互利用掛    3  (3)
     ├─宇治分館長──業務主任─────────宇治分館事務室 3  (2)
     │             (宇治地区事務部
     │              研究協力課長)
     └─宇治分館運営委員会
```

5-3図　京都大学附属図書館組織図
(http://www.kulib.kyoto-u.ac.jp/outline2001/20.html より転用。
ただし,部局図書室については記載なし。)

に示されているように,部課長制をひく体制では,総務,情報管理,情報サービスの3課に分け,情報サービス課の下に参考調査掛があり,専任3名,非常勤1名となっている。大学図書館の情報サービスに関連する法規定は,「大学設置基準」[1]の第38条第2項及び第4項に情報サービスとレファレンスルームに関する条文があり,平成4年7月23日の学術審議会答申「21世紀を展望した学術研究の総合推進方策について」において,「大学図書館は,一次情報の収集・提供等により情報サービスを行なう機関として重要な役割を果たしているが,情報化等の新しいニーズの高まりに対応し,その広範な情報資源の有効利用を進めていくため,今後は,キャンパス情報ネットワーク(学内LAN)における情

---

1) 大学設置基準 (昭和31年10月22日制定,文部省令第28号)

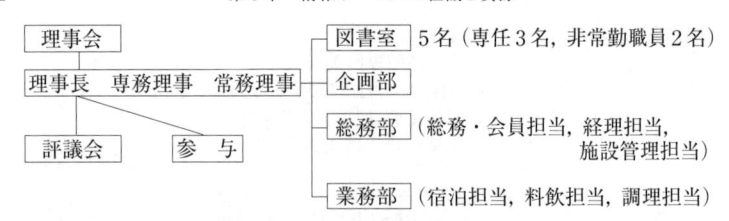

```
理事会
理事長　専務理事　常務理事
評議会　　　参　与
```
```
図書室  5名（専任3名，非常勤職員2名）
企画部
総務部  （総務・会員担当，経理担当，
　　　　　　　　　施設管理担当）
業務部  （宿泊担当，料飲担当，調理担当）
```

5-4図　国際文化会館組織図
(問い合わせをもとに作成)

報提供の中核としての図書館及び大学図書館間協力の一層の促進という考え方を基本に，その機能の強化に努める必要がある。」ということが謳われている。

専門図書館の例として，1952年設立の組織で，日本研究のクリアリングハウスとして活躍をつづけ，会員を中心とした日本研究者に対する情報提供を行っている国際文化会館の組織図を示す（5-4図）。

専門図書館の場合は，設置母体の規則によって図書室を位置付け，人員の配置に当たっている。国際文化会館図書室では5名（専任3名，非常勤職員2名）の図書館員で運営している。情報サービスにおいては，すべての図書館員が担当する。

学校図書館においては，「学校図書館法」（昭和28年8月8日制定法律第185号，最終改正　平成15年7月16日法律第117号）で平成15年4月1日以降，12学級以上を有する小学校・中学校・高等学校では司書教諭を配属することが法律で義

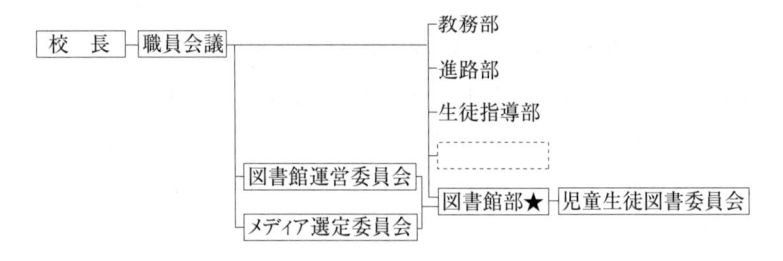

```
校　長　職員会議　　　　　　　教務部
　　　　　　　　　　　　　　　進路部
　　　　　　　　　　　　　　　生徒指導部
　　　　　　　　　　　　　　　［　　　　］
　　　　　　　図書館運営委員会
　　　　　　　　　　　　　　　図書館部★　児童生徒図書委員会
　　　　　　　メディア選定委員会
```

5-5図　学校図書館組織図
(古賀節子編『学校経営と学校図書館』（司書教諭テキストシリーズ1）樹村房
2002　p.107をもとに作成。□部分は各学校のアレンジを入れてください。)

務づけられるようになった。文部科学省によると，平成14年度学校図書館司書教諭講習を修了した現職教員・その他・大学在学生は，平成15年7月31日現在，19,939名となっており，今後ますます増えるだろう[1]。私立の場合には専任の図書館員を有するところもあるが，一般的な組織図は5-5図のようになっている。

b．規模別にみる組織図

図書館には，一つの独立した図書館・図書室を有するところと，分館や研究所・部局図書室など複数館を保有する図書館がある。ここでは，大規模図書館と小規模図書館という区分けで，情報サービスを提供するレファレンス担当についてふれたい。

まず，前者の例として，慶應義塾大学に焦点を当てよう。9学部（文，経，法，商，医，理工，環境情報，総合政策，看護医療），9研究科（文，経，法，商，社会，医，理工，政策，メディア，経営管理（ビジネススクール））を有する総合大学には，三田メディアセンターをはじめ，全部で五つのメディアセンターと看護医療学図書室，経営管理研究科図書室，二つの保存書庫（白楽サテライト・ライブラリー，山中資料センター）がある。全体の組織図は5-6図のようになっている。各メディアセンターで予算を確保し，独立した運営をしている。それぞれに担当部署の名称は異なるものの，レファレンス担当者を置き，専任を多く配している。

例えば，三田メディアセンターの場合には，利用者サービス担当の下に，レファレンスがあり，1階，3階，4階のカウンターで情報サービスを提供している。管理者（課長兼任）1名，監督職4名（うち，課長代理2名，係主任2名），専任職員6名，事務嘱託2名，外部委託職員5名の合計18名から成る。

1階レファレンスカウンターでは，5名（うち，監督職2名）全員が専任職員となっている。職員は，それぞれローテーションを組んで午前中（8：45-11：30）1名，午後は二人一組（12：30-14：30，14：30-16：30各一組）になって

1）『学校図書館』635号（2003. 9）p.69-70.

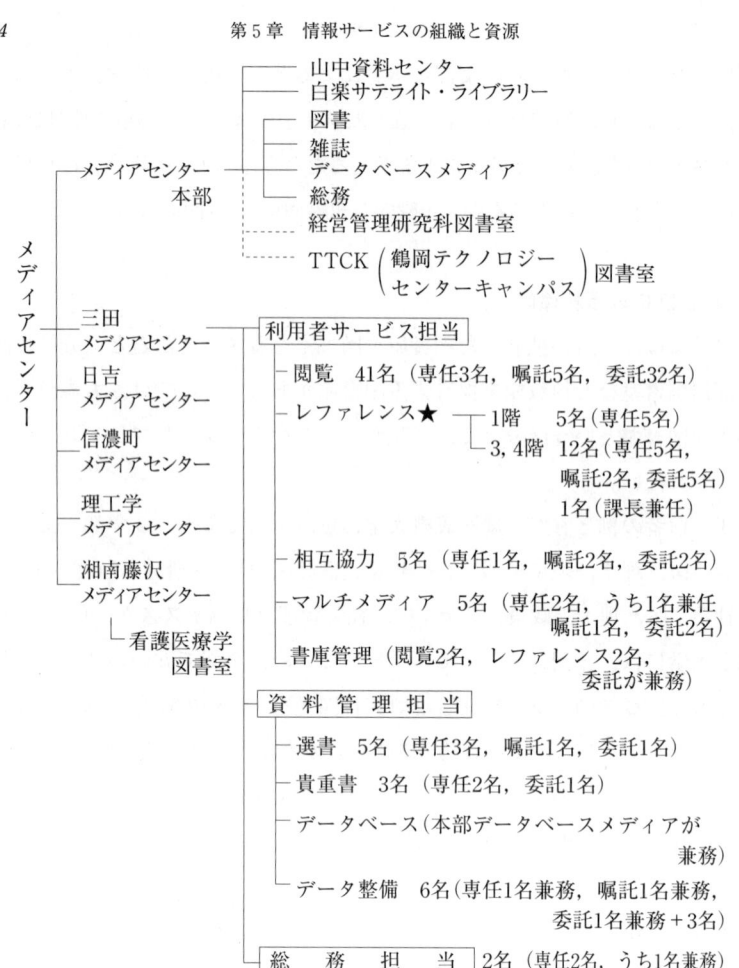

```
                              ┌─── 山中資料センター
                              ├─── 白楽サテライト・ライブラリー
                              ├─── 図書
               ┌ メディアセンター ├─── 雑誌
               │    本部       ├─── データベースメディア
               │              ├─── 総務
               │              ├─── 経営管理研究科図書室
               │              └─── TTCK（鶴岡テクノロジー   ）図書室
               │                       センターキャンパス
メ             │
デ             ├ 三田         ┌ 利用者サービス担当
ィ             │ メディアセンター │
ア             ├ 日吉         ├ 閲覧　41名（専任3名，嘱託5名，委託32名）
セ             │ メディアセンター │
ン             ├ 信濃町       ├ レファレンス★ ┬ 1階　　5名（専任5名）
タ             │ メディアセンター │              └ 3,4階　12名（専任5名，
ー             ├ 理工学       │                              嘱託2名，委託5名）
               │ メディアセンター │                     1名（課長兼任）
               ├ 湘南藤沢     │
               │ メディアセンター ├ 相互協力　5名（専任1名，嘱託2名，委託2名）
               │              │
               └─ 看護医療学  ├ マルチメディア　5名（専任2名，うち1名兼任
                   図書室     │                   嘱託1名，　委託2名）
                              └ 書庫管理（閲覧2名，レファレンス2名，
                                          委託が兼務）

                              ┌ 資　料　管　理　担　当
                              ├ 選書　5名（専任3名，嘱託1名，委託1名）
                              ├ 貴重書　3名（専任2名，委託1名）
                              ├ データベース（本部データベースメディアが
                              │                                兼務）
                              └ データ整備　6名（専任1名兼務，嘱託1名兼務，
                                                 委託1名兼務＋3名）

                              ┌ 総　務　担　当　2名（専任2名，うち1名兼務）
```

　　　　　　-------は目録などのテクニカルサポートだけを担当
　　　　　　　　　　嘱託は事務嘱託，委託は外部委託を示す。
　　　　　　　5-6図　　慶應義塾大学メディアセンター
　　　（http://www.lib.keio.ac.jp/と内部資料をもとに作成（2004年7月時点））

カウンターに入る。カウンターでのサービス時間は通常8：45-18：00のため，昼休みの11：30-12：30，16：30-18：00は，時差出勤を採用し，一人でカウンターに入る体制をとっている。職員はレファレンス業務の他に利用指導のため

のツアー企画・実施，OPACなどのヘルプ画面の解説文作成，講義支援，レファレンス資料の選定・評価，自館に必要な書誌作成などを行う。

　監督職はレファレンス業務を遂行するとともに，担当部内のとりまとめや週1回3，4階スタッフとの合同ミーティング，利用者サービス担当チーフのミーティングにあたる。また，レファレンス担当での変更事項や問題になったことなどを三田地区全体の会議に上げる。その他，データベース導入の際には他地区との合意形成をはかるために関連の委員会に出席したり，年2回，三田メディアセンター所長はじめ，各学部，各研究科の代表で構成される協議会にも出席する。管理職はレファレンスをはじめ，閲覧，ILLなどの利用者サービス全体を管理し，とりまとめを行う。

　単科大学や短期大学図書館，専門図書館には小規模図書館もあり，少ない人数ですべてを賄わなくてはならないことが多い。大規模図書館のように，レファレンス担当が独立していない場合は，直接サービス担当（閲覧，ILL，レファレンス）と間接サービス担当（選書，収書，分類，整理，装備，排架，保管，総務など）に大きく分けて業務を遂行するところや，全く部門を分けず，職員全員ですべての業務にあたるところがある。管理職，監督職に至ってはすべての業務を把握するとともに，人事・文書・ネットワーク管理などを担当することになる。また，図書室と別の組織との連絡をとったり，調整が必要となる場合もあるので，大規模図書館に比べ，多くの業務をこなさなければならない。

（2）　情報サービスと図書館職員

　日本図書館協会では，専従職員，兼務職員，非常勤職員，臨時職員という分け方をしており，近年，専任の減少とは対照的に外部委託職員が増加している[1]。情報サービスを提供するレファレンス担当も同様に，専任だけではなく非常勤職員や外部委託職員が配属される場合が多くなっている。立命館大学のようにレファレンス担当者の外注化が進んでいる図書館もある。

1）　2000年『日本の図書館』付帯調査『職員についての調査報告書—非常勤・派遣等職員に関する予備調査』，日本図書館協会編（2001.3）を参照のこと。

a. 人員配置と構成員

　レファレンス担当には専任が複数いて，全体をまとめる管理職もしくは監督職がいることが望ましい。また，ある程度，自館の利用者や資料の特徴を知った上で配属される方がよい。カウンターの体制は調査業務を伴うこともあり，席を立つこともあるので，複数の人を配置した方が利用者にとってはありがたい。ペアでやる場合は，キャリアのある図書館員とそうでない図書館員を組み合わせた方が，相手の対応を見ながら，コミュニケーション技術の習得やスキルアップをはかることができる。カウンターに出ずっぱりでやるのか，交代制をとるのかは，人数や業務量，職場環境を考慮して決定しなければならない。交代する際には，利用者からどのような質問がきて，どの段階まで作業や調査が進んでいるかを申し送りすることが大事である。

　問い合わせの方法は，カウンターでの直接面談だけではなく，電話，fax，電子メールなど多様化しているので，まとめて記録を残しておくことも必要であり，事例集としてデータベース化して，情報を共有し，参考ツールとして利用できるようにすることを推奨したい。

　専門分野の小規模図書館の場合は，人数が制限される分，同じ主題を扱う図書館などと交流を深めることによって，大規模図書館ではできないような特定主題に関する差別化した特徴のあるサービス提供が可能となる。

b. 求められる資質

　レファレンス担当となる図書館員は，ワイヤー（James Ingersoll Wyer），ショアーズ（Louis Shores），ハッチンス（Margaret Hutchins）ら3人の考えをまとめると，才智，正確さ2，判断力2，専門的知識，信頼性，礼儀正しさ，機知2，如才なさ，配慮，仕事への興味，記憶力3，知的好奇心，人々に対する関心2，想像力2，適応性，根気，快活さ，協調性，体系的思考力，健康，指導性2，勤勉さ，敏速性2，平静さ2，忍耐力2，力強さ，几帳面さ，開放的，重厚さ，秩序正しさ2，幅広い教養力，豊富な読書量，時事問題への興味，地域社会への興味，参考図書全般にわたる知識，図書館資料に精通していること，

郷土資料に通暁していること，資料整理過程への理解，徹底さ，観察力などが求められていることがわかる[1]。

これらのうち，最も求められている資質は，記憶力であり，つづいて正確さ，判断力，機知，人々に対する興味，想像力，指導性，敏速，平静さ，忍耐力，秩序正しい，となっている。

他には，利用者の要求をうまく引き出したり，あいまいな質問を明確にさせていくことができるようなコミュニケーション技術を兼ね備えた図書館員が必要とされる。また，コンピュータ技術やインターネットやデータベースなどを使った検索技術なども求められる。その上，管理職には企画力やプレゼンテーション技術，予算・人員獲得などの手腕も求められることになろう。

c. スキルアップのための研修

図書館職員は，図書館内で企画する研修や，学協会や企業などが企画する館外研修に参加している。館内では職場研修として，語学などの教室に通って個人で研鑽を積むものと，公的な研修がある。図書館内で立ち上げるプロジェクトやワーキンググループに参加しながら見聞を広げることができる。大学図書館の場合には，教員とタイアップをはかって，主題に応じたゼミツアーなどを支援することで磨きをかけることも可能である。

東京都公立図書館参考事務連絡会では，平成10年より都内の公立図書館職員に対して，初任者（新任）研修と中級研修としてレファレンス研修を開催している。また，東京都の公立図書館を支援するという性格上，講師派遣を行うために，講師養成講座を設けている。

その他，館外の研修には，講演会形式のもの，研修会形式のもの，見学会形式のものと，さまざまなものがあり，各学協会が企画する研修会・シンポジウムとしては国立大学図書館協会シンポジウム，情報科学技術協会のサーチャー

---

1) J.I. Wyer：*Reference work*. Chicago, ALA, 1930, p.233-239. Shores, L.*Basic reference books*. 2nd ed. Chicago, ALA, 1939, p.393. 西田文男監修，志保田務・平井尊士編著：情報サービス―概説とレファレンスサービス演習　学芸図書出版　1999　p.154-155 を基に数字を記した。

のための講習会，大学が主催する研修会では大学図書館職員長期研修，私立大学図書館協会研究部会の分科会，国・都・県などが主催する研修会には東京都図書館職員研修会などがある。また，出版社が主催する研修会・セミナーではディジタルライブラリアン講習会，各団体が主催する展示会・フェアでは図書館総合展，データベースフェアなどもある。館外研修に参加させるならば，予め予算を計上して，組織的に協力する体制が必要となる。

研修とは多少性格が異なるが，データベースなどの検索方法を知るためには，MAGAZINE PLUS，DIALOG ONTAPファイルなどのトライアルや無料のデータベース，練習用ファイルを使ってスキルアップをはかることも可能である。

2．情報サービスと情報資源

ここでは，物的資源，人的資源，ネットワーク資源の三つに分け，それぞれについて説明する。

（1） 物 的 資 源

図書館で選定・購入・保管する情報資源は図書や逐次刊行物など印刷物が大半を占めている。これらの資料を上手に活用し，保管してゆくことは，情報サービスを持続させるためにも非常に大事なことである。情報資源のうち，記録資料は5-7図にも示されるように，レファレンスコレクション，一般図書コレクション，逐次刊行物コレクション，インフォメーションファイル，自館ファイル，レファレンス記録資料などがある。

a．レファレンスコレクション

二次資料，参考図書ともいわれる。『広辞苑』（岩波書店）などの国語辞典や『ブリタニカ国際大百科事典』（ティビーエス・ブリタニカ）などの事典をはじめ，『日本紳士録』（ぎょうせい）などの名鑑，『雑誌記事索引』（日外アソシエーツ）などの索引誌，*Chemical Abstracts*（Chemical Abstracts Service）など

```
情報資源 ─┬─ 物的資源 ──┬─ a. レファレンスコレクション
         │            ├─ b. 一般図書コレクション
         │            ├─ c. 逐次刊行物コレクション
         │            ├─ d. インフォメーションファイル
         │            ├─ e. 自館ファイル
         │            └─ f. レファレンス記録資料
         │
         ├─ 人的資源 ──┬─ 館内・組織内職員 ──┬─ レファレンス職員
         │            │                    ├─ 直接サービス担当職員
         │            │                    ├─ 間接サービス担当職員
         │            │                    ├─ 図書館長その他管理職
         │            │                    └─ その他職員
         │            │
         │            └─ 館外・組織内職員 ──┬─ 他の図書館関係者
         │                                  ├─ 類縁機関の相談・案内窓口
         │                                  ├─ 各種機関の相談・案内窓口
         │                                  ├─ 主題専門家（研究者，調査員など）
         │                                  └─ 情報サービス機関・業者
         │
         └─ ネットワーク資源
```

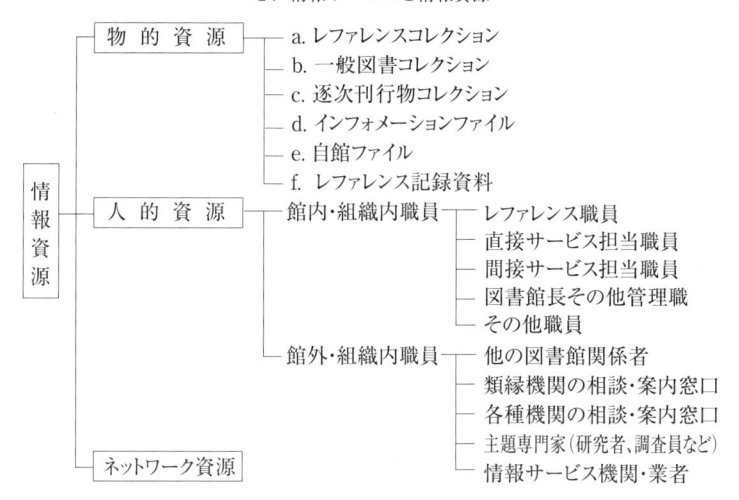

5-7図　情報資源の種類

の抄録誌，年表，地図など一次資料へ到達するためのツールだったり，事項や事柄を調べるためのツールをいう。主題，言語，時代によって特徴づけられていることが多い。詳細については，第7章，もしくは，『レファレンスサービス演習』（樹村房）を参照にするとよい。

b．一般図書コレクション

　入門書，概説書など学問や学説などについてわかりやすく説明したものや，地名を冠にしたガイドブックや案内書，図録や絵画集，全集など一般図書の中にはレファレンスブックに近い性格のものがある。事柄を調べたり，特定の作家や画家について研究する際に大いに役立つものである。

c．逐次刊行物コレクション

　新聞や雑誌などの資料は時の情勢や新しい言葉を調べるツールとして必要不可欠なものである。また，一般図書に比べ刊行頻度が高く，最新の情報を扱っているため，レファレンス資料を補完するものとして有用である。新聞は原版，縮刷版，マイクロ資料，データベースのようにさまざまな形態で提供されてお

り，雑誌などの逐次刊行物も全文データベース，電子ジャーナルへと提供形態を変えている。

d．インフォメーションファイル

各図書館のパンフレットや利用案内，小冊子，特定主題に関する新聞の切り抜きなど，自館に関係の深い事項について収集したものなど，定型的でない資料も検索ツールとしての役割をもっている。その時々の旬なものを扱っていることが多く，時代とともに変化し，消えていくものもあるが，その分，蓄積・保管された資料は特徴あるユニークな情報資源となる。

e．自館ファイル

図書館自体のこと，館内の資料や特別コレクション，所属する組織や人物に関する情報などを収集したもの。特に館外からの質問が多く，それぞれの図書館でレファレンス担当に最も必要な特徴あるファイルとなる。可能であれば，書誌・索引・抄録などを作成し，独自のファイルを蓄積・更新するとよい。他の情報源からは得られにくい独自の情報資源を作ることができる。

f．レファレンス記録資料

カウンターでの質問の受け答えを記したレファレンスノートや質問申込用紙を蓄積し保存するもの。データベース化が可能なように，質問受付日，質問事項，検索ツール，検索履歴，回答日，担当者などを定型化しておくとよい。オリジナルのレファレンスツールの開発にもつながり，役立つものになる。

（2） 人 的 資 源

情報サービス担当者は記録資料（印刷物やインターネット上）で入手できないことについては，人を頼りにすることが多い。

まず，同じ担当者である他の図書館員に聞き，次に上司である監督職や管理職に聞き，それでもわからない場合は，他部署の図書館員や経験豊富な図書館

員にも聞いてみる。時には，学識経験豊かな図書館長にも相談することがあるかもしれない。館内で無理な場合は，館外へ目を向けて，研究者や専門家などに聞いたり，他の専門機関の図書館員や，研究者，専門家へ問い合せをすることになる。外部への問い合わせについては，メイリングリストを使った新たなツールが生まれている[1]。

（3） ネットワーク資源

インターネットが普及し，誰もが検索エンジンを使っていろんな情報を入手できるようになった。図書館でもレファレンス担当者はレファレンスツールの一つとして活用している。

1980年代から図書館ではCD-ROM版のデータベースを導入し，それがネットワーク化され，1990年代のインターネット登場後はWeb版へと移行し始め，新たなレファレンス資料として契約（購入）している。例えば，ニューグローヴ世界音楽大事典 Grove Music (*New Grove Dictionary of Music and Musicians* 2nd edition)（Macmillan Reference）や図書館情報学関係では，LISA（Library and Information Science Abstracts）（SilverPlatter）やLibrary Literature（H. W. Wilson）などがある。

一次資料の逐次刊行物においては，特に自然科学系の電子ジャーナル化が進み，社会・人文科学系にも広がっている。また，一部の大学図書館では一般図書もE-bookで契約しているところがある。

最近では，有料で導入したデータベース以外にも，無限の広がりをもつインターネット情報源から必要な情報を引き出すことがある。引き出した情報を，どう蓄積し，サービスへつなげるのか，また，そうなった時に，誰が，いつ，更新を行うかが大きな課題となる。前述したメイリングリストによる情報資源も有用なものとなるので，メイリングリストの管理者は蓄積・保存に対して重要な責任を負うことになる。

1） 大学図書館関係者のための reference-ml，公共図書館関係者のための plit-ml，学校図書館関係者のための sl-shock などがある。

3．情報サービスの収集と運用

（1） 情報収集方法

　図書館で一番大事なことは，誰を対象に，どのような主題の，どんな言語の，どの時代のもの，を品揃えして，レファレンスコレクションを形成していくかである。資料については，第7章で詳しく述べているのでそちらを参照することにして，ここではどのような目的をもって，誰が，どのように選定するかを述べたい。

　館種によって目的の違いはあると思うが，まず，何を目的とするかが収集の前提となる。公共図書館では市民や区民へのサービスを目標に掲げ，大学図書館の場合は，研究・教育支援が目的であり，所有する学部・研究科に応じた資料を収集し，整理し，提供，保管することが図書館員の使命となる。

a．選定ツール

　レファレンス資料を選定するには，レファレンスのレファレンス資料といわれる『日本の参考図書』（日本図書館協会）（第4版が2002年9月に出版された）や *Walford's guide to reference material*（Library Association Pub.）（1999年に第8版が刊行された），*Guide to reference books*（American Library Association）などを基本に選定するとよい。新しいレファレンス資料は『日本の参考図書．四季版』（日本図書館協会）に定期的に紹介される。

　とりわけ，最も早い確実な選定方法は，見計いである。その他，書誌の書誌として『日本書誌の書誌』（日外アソシエーツ），『書誌年鑑』（日外アソシエーツ），出版情報誌として『ウィークリー出版情報』（日本出版販売），『新刊情報』（トーハン），『出版ニュース』（出版ニュース社），近刊案内の『これから出る本』（日本書籍出版協会），書店出版目録として『丸善新刊洋書ご案内』（丸善），新聞『週刊読書人』（読書人），『図書新聞』（図書新聞社），書評誌として海外の

Choice : Current Review for Academic Libraries（ALA），取引書店が日々持参するカタログやちらしなどを使った選定方法がある。

インターネット上での書店や出版社のホームページには，紀伊國屋書店のBook Web Pro（http://bookwebpro.kinokuniya.co.jp/）にも見られるように，目次や書評などを紹介したものがふえているので，参考にするとよい。

データベースの選定ツールについては，書店のカタログ，電子メールによる紹介，トライアルなどを申し込み，選定の際に導入の可否を決定することが多い。資料の選定ツールは出版の形態や資料の形態によって，その入手方法は異なるが，「選書基準」を作成し，それに則った収集，コレクション形成が必要になる。

b．選定方法

資料を収集する部署は，選書・収書担当であり，図書の見計らいや，書店からのちらし，カタログなどによる紹介を受けて，選定を行う。レファレンス資料に関しては，選書担当が行うこともあるが，レファレンス担当者に専任がいる場合には連携をとり，見計い資料やカタログを回したりして検討してもらうとよい。類似の資料がある場合や旧版を所蔵している場合などもあるので，事前に重複調査を行った方が選定の際に役立つ。

高額で大部なレファレンス資料やデータベースなどについては委員会などに諮り，そこで決定することが望ましい。

利用者からの申し込みがある場合は，購入希望申込書に購入希望理由を必ず明記してもらう。

近年，書店や出版社のホームページに新刊案内や出版情報が搭載され，情報入手は簡単になった部分もあるが，レファレンスコレクションの場合は，高額で大部な場合が多いため，事項や排列，内容，編集者，発行者などを吟味した上で慎重に選ぶことが望ましい。

レファレンス担当が直接レファレンス資料を選定する場合，次頁に示すようなツールを自分たちで用意しておくことを推奨したい。

レファレンス資料選定用紙

年　　月　　日　選定者：

タイトル：	
編　者：	
出版社：	
出版年：	版：
特　徴：	
収録範囲：	
主題　　　　　　　　　　時代	
地域　　　　　　　　　　言語	
収録数	
形　式：	
排　列：	□音順（字順）排列　　□体系別排列　　□年代順排列
記　載：	
各項目の記載内容	
解説文の長さ　　　□長い　　□短い　　□普通	
内容の詳しさ　　　□詳細　　□普通	
平易さ　　　　　　□易しい　□難しい　□普通	
表・図版等　　　　□あり　　□なし	
見出し語参照　　　□あり　　□なし	
ほか　　（　　　　　　　　　　　　　　　　　）	
参考文献：　　　　　□あり　　□なし	
所在　　　　　　　□巻末　　□各章末　□その他（　　　　　）	
言語　　　　　　　□和文　　□欧文　　□その他（　　　　　）	
付　録：　　　　　　□あり　　□なし	
収録場所　　　　　□巻末　　□別冊　　□他	
種類・内容	
索　引：　　　　　　□あり　　□なし	
位置　　　　　　　□巻末　　□巻頭　　□その他（　　　　　）	
言語　　　　　　　□和文　　□欧文　　□その他（　　　　　）	
種類　　　　　　　□人名　　□書名　　□事項　□その他（　　　）	
排　列：　　□50音順　□和文アルファベット順　□欧文アルファベット順	
□その他（　　　　　　　　　　　　　）	
刊行頻度	
電子メディア版　□あり（□CD／□Web版／□他　　　　）□なし	
価　格：	
重複調査：　　　□OPAC　　□WebCAT　　□その他（　　　　　　）
感　想：	
結　果：　　　□購入　　□一般書　　□購入しない　　□見計い希望
備　考：	

データベース導入の際には，館内でサービスするのか，分館などを含めたサービスをするのか，キャンパス内すべてにするのか，大学全体で利用できるようにするのかを検討しなければならない。契約に対しては慎重に行わなければならない。ここ1～2年の動きをみると，Web版データベースはより高額になり，電子ジャーナルを提供している出版社は企業買収，企業統合などが頻繁に起こるので，こういった状況をいち早く察知し，サービスの契約を検討しなければならない。また，会社が倒産した場合の危機管理もこれからの業務には必要不可欠となろう。

自館で賄えないケースが出ているため，他館と協力したり，大学図書館でコンソーシアムを組んで契約するようなケースが登場している。

(2) 情報サービスの運用

レファレンス資料は一般書に比べ高額であり，大部な資料であるため，予算や書庫問題が常につきまとう。受入後も，和洋混排に並べるのか，一般図書と同じ書架に並べるのかなど，排架の問題に直面する。一般的にはレファレンス資料はまとめて排架され，請求記号も一般書と区別して付与されることが多い。貸出は行わない図書館がほとんどである。

近年，データベースのうちWeb版での資料が増加し，電子媒体へ移行するケースがふえている。移行した大部な資料は除籍するのか保管するのかを決定しなければならない。また，レファレンス資料は月日が経つと歴史的な資料として，時に，一次資料として研究対象となる特質があるため，どれを保管してゆくのかも検討課題の一つとなる。古い版を保管するのか，それとも除籍するのかはコレクション形成にも大きく関わってくるので，除籍基準などを設け，慎重に対処した方がよい。

また，すべてのレファレンスコレクションをレファレンスルーム（参考調査室）に収集することは難しいので，小さな，非常に狭い分野や地域を扱ったものは一般図書として扱う方法もある。

インフォメーションファイルなどは新しい情報が必要なため，更新作業をい

つ，誰がやるかを決めなければならない。

データベースの提供については，利用数などの統計をとるのか，ホームページ上でどのように紹介するのかをネットワーク管理者と相談しながら，利用に供さなければならない。

(3) 情報サービスの評価

利用者が質問したことに対しての回答が適切かそうでないかを計ることは，図書館員が提示した回答の内容（レベル）と情報資源の量に大きく関係するが，実際に数値化することはなかなか難しい。図書館員が選定したレファレンス資料やデータベースなどについての評価もそれとは別に重要なことである。

a．回答の評価

レファレンス担当では，事項調査，所蔵調査，利用指導などに大きく分けて統計を付けているところが多い。回答したものは処理済みとし，未回答のものは未処理扱いとする。例えば，レファレンスノートや質問申込書に未処理，未解決，回答なしと書かれたものの件数を出し，全体の受付件数と未処理件数の割合を出し，一つの評価とすることができないだろうか。

回答の量については，1，2のレファレンスツールを使って回答が出せる場合はその資料名を提示することで十分である。作家や画家，著名人などの人物情報については，人名事典，名鑑，データベース，著作物などすべてを挙げるときりがなく，逆に迷惑がられることもあるので，量によって評価を下すことはあまり好ましくないといえる。

回答内容の評価については，参考文献の書誌記述の誤りや印刷時の誤植など特定できるものは，利用者の要求を満足させ，結果を出すことが可能である。しかし，それ以外のものについては，評価は難しい。回答に至るまでの資料の調べ方は何種類もあり，どれが正しい調べ方かを確定することはなかなかできない。未解決の場合でも，調査過程を利用者へ提供した時点で，満足のいく人もいるし，追跡調査を依頼する人，納得できない人もいるからである。

b．レファレンス資料の評価

　選定したものの評価は，利用者やレファレンス担当者がどれくらい使用しているかであるが，インベントリーやシェルフリーディング（書架整頓）を行う際に，資料の傷み具合や，書架の乱れなどから判断することは可能である。また，「レファレンス資料選定用紙」(p.104) を一年間（一年度分）ためておいて，担当内で実際に使ったかどうかを検討し，評価することは可能である。この時に使用されない資料については，そのまま保管するのか，移動させるのか，それとも除籍するのか，の判断が必要となる。

　データベースについては，契約業者から利用統計を出してもらうことが可能なものもある。無理な場合は，自館のネットワーク技術者と相談して，利用統計ができるような仕組みを作ることが必要である。1件当たりの利用料金，1サーチあたりの利用料金などに換算すれば，費用対効果としてどうなのかを評価することができる。利用の少ないデータベースは次年度契約を切って，新しいものを導入することもできる。

c．情報検索結果の評価

　「適合率」と「再現率」を出すことで，検索した結果の評価は可能である。このことについては，本シリーズ『改訂 情報検索演習』を参照するとよい。

（4） 発案から実現へ向けて

　利用者へのサービスを向上させるためには，レファレンス担当者もさまざまな問題に直面したり，新しいことを考えていかなければならない。ここでは，大学図書館で「レファレンス質問申込書（仮称）をインターネット上で利用可能にするにはどうしたらよいか。」ということに対して，発案して合意形成をとりながら，実現に至るまでの過程を示したい。

| 発　案 |
　　↓　　動機：新たなツールを使って，リクエストを受け付けたい
　　　　　目的：利用者へのサービス向上
| 企画書の作成 |
　　↓　　担当部署：レファレンス担当者
　　↓　　実施予定日：春休みに計画（2月）→夏休みから実施（7月）
| 部内会議への提案と承認 |
　　↓　　意見調整
　　↓　　担当者の推薦
| 図書館内会議への提案と承認 |
　　↓　　意見調整
　　↓　　担当者・内容の承認
| 原稿作成 |★
　　↓　　文言，レイアウト，必要事項，色指定など
| ネットワーク管理者との調整 |
　　　　　ホームページのどこに掲載するか
　　　　　どことリンクをはるか
　　　　　問い合わせのメールアドレスはどうするか
　　　　　テスト版開始時期
　　↓　　責任者の確認
| テスト版の実施 |
　　↓　　送受信のチェック
　　↓　　内容表示のチェック
| Web版「レファレンス質問申込書」サービス開始 |
　　↓
| 利用者への広報 |
　　　　　ニューズレターへの掲載
　　　　　教職員への連絡
　　　　　学生への連絡
　　↓　　外部への連絡

|評　価|
　　│　使いやすさ
　　↓　申込件数
|フィードバック| ★へ

第6章 情報探索行動と
          レファレンスプロセス

1．レファレンスプロセスとはなにか

（1） レファレンスプロセスの概念

　レファレンスプロセス（reference process）の概念を広義に解釈すれば，利用者の情報要求を出発点として，適切な情報源を用いたレファレンス係員の直接的，人的援助により，その情報要求が充足されることを終結点とする，利用者およびレファレンス係員の情報探索行動に含まれるすべての諸要素の相互作用過程を意味する。リース（Alan M. Rees）は，レファレンスプロセスの概念について次のように述べている。

　　レファレンスプロセスは，レファレンス係員（reference librarian）と呼ばれる媒介者によってなされる，レファレンスワークに含まれる諸変数の総体を包括する。このプロセスには，レファレンス係員の心理および使用される情報源はもちろん，質問者の心理および情報要求が生じる環境的文脈の両方が含まれる。

　　レファレンスプロセスは，それゆえに，質問者とレファレンス係員と情報源の複雑な相互作用から成り，利用し得る書誌的装置の鑑定や操作だけでなく，現在のところ不完全にしか理解されていない心理的，社会学的，環境的変数の操作を含んでいる[1]。

　レファレンスプロセスは，質問者の情報要求の充足を目的として，質問者とレファレンス係員が協同して行う情報源の探索過程であり，この三者の相互作用の全体を一つのシステムとして考えることができる。このシステムをレファ

1） Alan M. Rees：*Broadening the spectrum*. （in The present status and future prospects of reference information service. A. L. A., 1967） p.57-58.

レンスシステム（reference system）と名付けておこう。そうすると，レファレンスシステムは，質問者とレファレンス係員と情報源を構成要素とするシステムであり，また，この三つの構成要素のそれぞれが，複数の要素から構成されるサブシステムであることになる。この三つのサブシステムを，質問者の思考システム，レファレンス係員の思考システム，そして情報システムと名付けておこう。情報システムはさらに，情報源システムとその検索システムに分けることもできよう。

次に，各サブシステム内およびサブシステム相互間の作用過程を考えると，質問者の心的プロセス，レファレンス係員の心的プロセス，両者の間のコミュニケーション・プロセス（レファレンスインタビューのプロセス），そして両者による情報源の検索・参照プロセスを挙げることができる。これらのプロセスを含めて，レファレンスシステムのモデルを図で示してみよう（6-1図）。

上記のように，レファレンスシステムを三つのサブシステムを統合したシステムとして考え，この統合システム内の複雑な相互作用過程の総体をレファレンスプロセスと定義すると，レファレンスプロセスを解明するための問題領域と課題が明確になるが，同時に，その問題の複雑さと奥行きの深さ，そして未知の領域の広さも明らかになる。特に，質問者およびレファレンス係員の心的プロセスは，思考心理学あるいは広く認知科学の対象領域であり，しかも現在

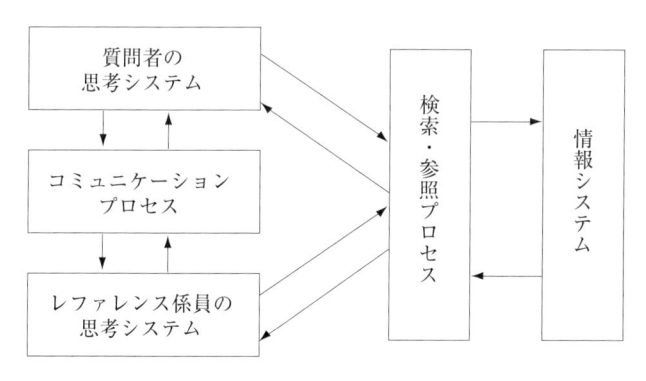

6-1図　レファレンスシステムのモデル

までのところ，情報探索行動の実践に直接応用できるほどの成果が得られているとは言いがたい。しかし，例えばコンピュータ支援のレファレンス・エキスパート・システムの開発を考えるとすれば，広い意味でのレファレンスプロセスについての研究が必要である。

（2） レファレンスプロセスのモデル

本項では，レファレンス質問を処理するレファレンス係員の立場から，その実務に即したプロセスについて考える。ここではレファレンスプロセスを狭義に解釈して，図書館利用者の何らかの情報要求を出発点として，その情報要求に基づくレファレンス質問をレファレンス係員が受け付け，情報源を探索し，回答を提供することによって，利用者の情報要求が充足することを終結点とする一連の過程とする。

この一連のレファレンス質問の処理過程を，レファレンス係員が行う実務的な処理活動の観点から，便宜的にいくつかの段階に分け，その段階を順を追って進行する形の流れ図として示してみよう（6-2図）。

このモデルは，本章の3．(p.119〜)で説明する各段階に対応するようにした。もちろん，ここに示したのは，あくまでも一つのモデルであって，レファレンス係員がすべてのレファレンス質問に対して，必ずこのモデルどおりのやり方をしているわけではない。熟練したレファレンス係員は，むしろ特に各段階を意識せずに，あるいはまた，質問によってはいくつかの段階を省略して，利用者に回答を提供している。しかし初学者は，常にこのプロセスを意識して質問処理を行う方がよい。

レファレンスプロセスの効率化を図るためには，実際の経験を抽象的にモデル化して検討することが有効である。また，実際に調査・探索の途中で行き詰まったような場合に，プロセスのモデルを思い浮かべることによって，行き詰まりの原因や，その打開策のヒントを得ることができるかもしれない。

良いレファレンスサービスは，結局，図書館員の蔵書についての深い知識の結果であるとする考え方がある。確かに探索の実行段階では，レファレンス係

員の情報源に関する知識の多寡が，利用者に提供する情報の質と量に大きく影響する。しかし，レファレンスサービスの目的から見て本当に良いサービスとは，利用者の情報要求を引き出し，それを的確に把握して，最終的にその要求を満足させることにあるので，レファレンスプロセスの前半，探索の実行に移るまでの段階の重要性を忘れてはならない。また，情報源の量的な拡大は，個人的な記憶の容量をはるかに超えているわけで，むしろ，質問の分析と解釈と，情報源の体系的な探索技法を習得することが重要である。

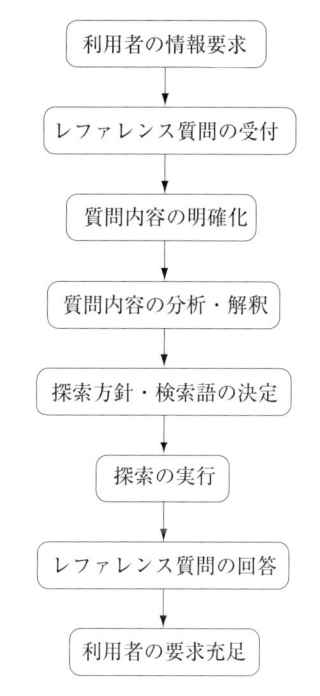

```
┌─────────────────┐
│ 利用者の情報要求 │
└────────┬────────┘
         ↓
┌─────────────────┐
│ レファレンス質問の受付 │
└────────┬────────┘
         ↓
┌─────────────────┐
│ 質問内容の明確化 │
└────────┬────────┘
         ↓
┌─────────────────┐
│ 質問内容の分析・解釈 │
└────────┬────────┘
         ↓
┌─────────────────┐
│ 探索方針・検索語の決定 │
└────────┬────────┘
         ↓
┌─────────────────┐
│ 探索の実行 │
└────────┬────────┘
         ↓
┌─────────────────┐
│ レファレンス質問の回答 │
└────────┬────────┘
         ↓
┌─────────────────┐
│ 利用者の要求充足 │
└─────────────────┘
```

6-2図　レファレンスプロセスのモデル

2. 利用者の情報探索行動と情報要求の構造

(1) 図書館における情報探索行動

　人間が社会生活を営むために行う諸活動において，その行動に影響を与える有意味な記号を「情報」と定義すると，われわれは日常的に実に多くの「情報」を受容していることになる。特に，社会の情報化が進み，情報を伝達するメディアが急速に発達したことにより，従来は情報にアクセスするために克服する必要があった時間的，空間的な制約が少なくなり，いつでも居ながらにしてさまざまな種類の情報を入手することができるようになった。

　図書館資料も，上記の意味での情報メディアであり，それらを利用者に媒介

する図書館そのものもメディアである。図書館における利用者の情報探索行動を明らかにするためには，まず，利用者がどのような目的で図書館を利用するかについて考える必要がある。もっとも，第1章の1．「図書館の機能とサービス」で述べたように，館種によって利用者層が違い，当然その利用目的も異なる。ここでは，最も広い利用者層をサービス対象とする公共図書館について考えてみよう。

利用者がある目的をもって公共図書館に足を運ぶ理由は，一般的にはその図書館が所蔵する資料の利用を意図してのことであろう。すなわち，情報メディアとしての図書館資料から何らかの情報を得ることを目的として，時間と労力を費やして図書館へ出向くのであろう。ただし，この場合の「情報」とは，先に定義したように，広い意味での情報であり，「知識」と言い換えることも可能である。マッハルプ（Fritz Machlup）は，知っている者が知っていることを主観的にどうみているかを基準として，知識を次の五つに分類することを提案した[1]。

① 実用的知識… 仕事，決定，処置に役立つ知識で，本人がどんな活動をしているかによって次の六つの型に細分類される。専門知識，実務知識，作業知識，政治的知識，家事知識，その他。

② 教養的知識… 知的興味を満足させるような知識で，一般教養教育，人文や自然科学の理解，文化一般といった内容を構成する。

③ 世間話的・娯楽的知識… 知的とはいえないような好奇心や軽い娯楽および感情的刺激を求める欲望を満足させるような知識で，町のうわさ話，犯罪や事故のニュース，軽い小説や物語，笑い話，ゲームなど。

④ 宗教的知識… 神とか魂の救済方法という宗教的知識に関するもの。

⑤ 余分な知識… 興味の外にあり，通常，偶然に得られて，目的もなく知識として残るもの。

利用者が公共図書館において求める知識（情報）は，この5種類の知識の⑤

---

1) Fritz Machlup著，高橋達男・木田宏監訳：知識産業　産業能率短期大学出版部　1969　p.27.

を除く，①から④までのいずれかの知識（情報）であると言えるであろう。

　利用者が，これらの知識を得るために図書館資料をどのように利用するかについては，知識の種類，必要とする情報量，あるいは情報の受容の仕方などによって異なる。例えば，①の実用的知識の入手を目的として，館内で事典や新聞記事を調べる場合もあるし，③の娯楽的知識の入手を目的として，ミステリーを借り出す場合もある。また，①の入手を目的とする場合でも，詳細な多くの情報を入手するために，専門書や専門誌を借り出すこともあろう。資料の利用形態は，大きく分けて資料全体を利用（貸出）する場合と，資料の一部を館内で参照する場合がある。図書館においてこれらの知識（情報）を得るには，図書館資料を利用する以外に，本書で扱う情報サービスを利用する方法もある。

　図書館における利用者の情報探索行動は，求める知識の種類および資料の利用形態によって違いがあるが，直接，書架にアプローチするか，閲覧目録で資料を検索するか，あるいは図書館員に質問するかであろう。開架制の図書館では，利用者は入館したら書架に直行することが多い。特に，図書館の利用経験が少ない利用者の場合には，目録の使い方や情報サービスの利用について慣れていないので，そうなりがちである。意識的に書架上の資料をブラウジングすることもあるので，一概には言えないが，書架スペースで資料を探索している利用者の中には，図書館員の人的援助を潜在的に必要としている利用者がいることを忘れてはならない。

　図書館の利用経験が多くなり，図書館における資料組織の仕組みがある程度わかってくると，書架に行く前に閲覧目録を検索する利用者も増えてくる。あらかじめ情報探索のキーワード，例えば，求める資料の著者，書名，主題等が特定されている場合には，目録を利用する方が効率的である。しかし，目録は複雑であり，図書館員でも完全に使いこなすには，一定の知識と経験が必要である。標目に何が選定されているのか，標目の形式はどのように決定されているのか，標目の排列法はどのようになっているのかなど，利用者が目録を検索する際にも，図書館員の援助を必要とすることが多い。オンライン閲覧目録を提供する図書館が増えて，採用されているシステムによる違いはあるが，目録

ファイルの種別を気にせずに検索語を入力したり，入力形式の許容範囲が広がるなど，カード目録と比較して便利になった面もあるが，ファイルの構成や中身を直接見ることができないために，蔵書の中の何が検索され，あるいは逆に何が検索されなかったのか，一般の利用者が検索結果の評価をすることが困難になった。

特定の事項や文献情報について調べる場合には，レファレンスルームあるいはレファレンスコーナーで，レファレンスブックや書誌・索引類を利用することになるが，この面では特に図書館員による人的援助が必要であろう。情報サービスに関わる利用者の情報探索行動については，レファレンスプロセスとの関連で解説する。

(2) 利用者の情報要求の構造

前項で述べたレファレンスプロセスのモデルでは，利用者の情報要求をプロセスの出発点とした。そもそも利用者の情報要求とは何であろうか。人間の行動に影響を与える有意味な記号が情報であるとした前項での定義に従えば，利用者が社会生活を営む上で行う何らかの活動に関連して，その問題解決のために図書館に求める知識が，情報要求の内容ということになろうか。

テイラー（R. S. Taylor）は，図書館における情報探索行動に関連して，情報要求を次の4段階に分けている[1]。

① visceral need（現にあるが，まだ意識化される以前の要求）

② conscious need（頭の中に意識化された要求）

③ formalized need（明確に表現された要求）

④ compromised need（情報システムに合うように処理された要求）

まず，質問者の心に漠然とした要求が生じ，それが質問者自身によって意識化（意識内で対象化）される。次に，それが明確な形に外部表現され，最後に求める情報を実際に探索できる形に，つまり情報システムに合うように調整さ

---

1) Robers S. Tayior：*Question-negotiation and information seeking in libraries.* College and research libraries, vol.29 no3, 1968, p.178-194.

れる。

　この4段階の中で，質問者の真の情報要求はどの段階であろうか。利用者のレファレンス質問を受け付けるレファレンス係員の立場からすれば，とりあえずは③であろう。そして③が④に正確に反映されれば，情報システムを④で検索してみることになる。しかし，④による検索がうまくゆかない場合には，③から④への翻訳を検討し直さなければならないが，その際，③の表現自体を検討する必要も出てくる。さらに，②と③の関係にまで遡って確認しなければならない事態も起こり得る。②と③の関連が質問者自身において明確になっていない場合もあるからである。いずれにしても，②から④までのプロセスは，質問内容の明確化のために，質問者とレファレンス係員が共同して行うことになろう。

　ライン（Maurice B. Line）は，利用者研究が対象とする概念を整理して，need(s)［必要性（必要とするもの）］，want(s)［欲求（欲するもの）］，demand(s)［請求（請求するもの）］，use(s)［利用（利用するもの）］，およびrequirement(s)［要求（要求するもの）］の明確な概念的区別と定義を提案した[1]。

　必要とするものとは，個人が仕事，研究，啓発，レクリエーションなどのために必要とする何かである。研究者の場合に必要な情報とは，研究を進めると想定されるものである。必要とするものは欲求するものであると認められる場合もあるし，認められない場合もある。

　欲求するものとは，個人が得たいと思っている何かであって，この欲求するものは図書館に請求するものとして実際に現れる場合もあるし，そうでないこともある。

　請求するものとは，個人が実際に求める何かである。より正確に言えば，望ましいと考えられた（満たされた時，その請求したものは結局，欲求したものでないことがわかるかもしれない）情報に対する請求である。必要とするものと欲求するものの中には，潜在的な請求するものがあることがある。

1）　Maurice B Line：*Draft definitions: information and library needs, wants, demands and uses.* Aslib Proc., v.26 no.2, 1974, p.87.

利用するものとは，個人が実際に利用する何かである。請求するものの中には，潜在的な利用するものがある。この利用するものは，請求するもの，欲求するものが請求されたもの，そして必要とするものが欲求されたものの部分的な指標であり得るが，実際の利用するものから，しばしば，あいまいで明言されない必要とするものへと，次第に識別が困難になる。

最後に，要求するものとは，必要とされるもの，欲求されるもの，および請求されるものを包括するのに採用され得る共用語である。必要とするものについての多くの研究は，実際にはこの要求するものの研究であった。

情報利用における必要性の問題は，科学者の情報要求を科学的に解明することを目的とする利用者研究においても，その研究調査の枠組みにかかわる重要な論点となっている。

メンツェル（Herbert Menzel）は，「価値があるのは，利用者が欲しいと思っている情報ではないし，"利用者に良い"情報でさえなく，科学にとって，すなわち科学研究の進歩にとって良い情報である。」[1]と述べている。そして，利用者研究と世論調査との混同を批判して，科学者に何がなされるべきかについて質問することからは，科学研究にとっての必要性を導くことはできないとして，"ある科学研究集団の情報要求とは何か"という問いは誤りで，"科学的伝言が科学者の間で伝達されるメディア（科学情報システム）は，その科学研究集団の研究の生産性に貢献すると考えられるどんなサービスを行うことができるか"という問いに変更すべきであると主張した。

レファレンスプロセスの出発点を利用者の情報要求としたことから，利用者の情報要求とは何かということについて考えてきたわけであるが，科学者の情報要求についてはもちろんのこと，一般の利用者の情報要求に関しても，上記と同様な問題があることを理解しておくべきであろう。

---

1) Herbert Menzel : *Can science information needs be ascertained empirically?* (in Communication: concepts and perspectives, edited by L. Thayer. Spartan Books, 1966, p.280.)

3．レファレンスプロセス

　ここでは，本章の1．(2)で示したレファレンスプロセスのモデルに沿って，プロセスの概略について説明する。なお，本シリーズの第5巻『レファレンスサービス演習』において，演習との関連でレファレンスプロセスの実際を解説しているので，なるべく重複を避けて，各段階の問題点と考え方を中心に解説することとする。したがって，実務的な流れと留意点に関しては，『レファレンスサービス演習』の該当部分を参照されたい。

（1） レファレンス質問 (reference question) の受付

　レファレンス質問（参考質問）とは，「何らかの問題解決のために，必要な情報を求める図書館利用者によって，図書館員に対してなされる質問」のことである。レファレンス質問をタイプ別に分けると，図書館の施設・資料・機能などに関して案内あるいは指示を求める指示的質問 (directional questions)，図書の選び方や一般的情報探索法などに関して助言・指導を求める質問 (readers' advisory questions)，基本的なレファレンスブックを情報源として即答が可能な簡単な事実に関する質問 (ready reference questions)，さまざまな情報源を探索，調査しないと回答が得られないような事実に関する質問 (search questions あるいは research questions) が挙げられる。

　レファレンス質問は，口頭・電話・文書で寄せられる。インターネット上に図書館のホームページを開設し，そこで質問を受け付けている場合には，電子メールのこともある。質問を受け付ける際には，簡単な質問で即答が可能な場合を除いて，質問者と対話をしながら質問内容の要点を記録しておく必要がある。多くの図書館では，前もって質問受付（あるいは記録）票を用意しておき，それに必要事項をメモするようにしている。

　このレファレンス質問受付（記録）票は，質問の受付から回答までのレファレンスプロセスのすべての過程の要点を記録できるように設計しておくとよい。

具体的にどのように設計するかについては，個々の図書館で独自に工夫されるべきであるが，以下に記録しておくべき事項を列挙してみる。

① 質問者の属性に関する事項
② 質問内容に関する事項
③ 探索過程に関する事項
④ 回答内容と情報源に関する事項
⑤ 担当者に関する事項

次にレファレンス質問受付（記録）票との関連で，レファレンス記録の意義についてふれておこう。まず，レファレンスプロセスの効率化を図る上での意義である。

①質問の属性と②質問内容に関する事項は，質問の受付段階で質問者の情報要求を把握するのに役立つ。質問者の属性は，質問の動機や目的を推察する手掛かりとなる場合があり，質問内容をメモするということは，その過程で質問内容を明確化することにつながるからである。ただし，質問者の属性に関する事項は絶対に必要というわけではなく，質問者のプライバシーを尊重する観点から，質問者が自ら申し出た場合は別として，レファレンス係員が対話の中で観察した程度でもよい。

③探索過程に関する事項は，記録票の設計を工夫すれば，質問の分析と解釈および探索方針の策定のためのチェックリストとして用いることもできよう。

④回答内容と情報源に関する事項は，記録票をインフォメーションファイルとして蓄積しておけば，後で同様な質問があった時に参考にすることもできる。そのほか，スタッフミーティングでプロセスを検討する際の資料としたり，初任者の研修用の資料として使用することもできる。

⑤担当者に関する事項は，プロセスの途中で担当者が交代する場合があり，また，図書館全体としてサービスを行っていることから，責任の所在を明らかにしておくために必要である。

レファレンス記録のもう一つの重要な意義は，レファレンスサービスを評価する際の資料となることである。レファレンスサービスの業務内容を評価する

ことは，他の図書館業務，すなわち整理業務や閲覧・貸出業務を統計的に評価するのとは異なる面がある。他の業務を統計的に評価する尺度は，例えば整理冊数であるとか貸出冊数のように，比較的数量化することが容易であるが，レファレンス質問の処理に関しては，質問件数だけでは不十分である。レファレンス質問は1件ごとにかなり質的な差があり，それを処理するための業務量にも相当な幅がある。したがって，業務量を正当に評価するためにも，記録票の活用を考えなければならない。逆に，記録票を業務統計の資料として使用することを前提にするのであれば，記録票を設計する際に，上記の①から⑤までの事項の他に，例えば質問を受け付けた時刻と回答した時刻など，統計処理が可能になるような事項を加えておく必要がある。

(2) 質問内容の明確化

レファレンス係員は利用者から質問を受けたら，まず質問内容を明確に把握しなければならない。前節で利用者の情報探索行動と情報要求の構造について述べたが，ここで言う質問内容の明確化は，利用者が問題解決のために真に必要とするものを明らかにするというよりは，とりあえず，まず利用者がレファレンス係員に実際に尋ねる（請求する）ものを明確にすることであり，場合によってはそれが利用者の知りたい（欲する）ものと一致するかどうかを確認することである。

具体的には，質問を受けたら，まず最初に，利用者の言ったことを，自分の考えを加えずにわかりやすく復唱するのがよい。そうすることによって，利用者は自分の言ったことがレファレンス係員に通じたかどうか，逆にレファレンス係員は利用者の言ったことを正確に把握しているかどうかを確認することができる。また復唱することが，質問に関して，さらにより多くの情報を引き出すきっかけになることが多いからである。

レファレンス質問は，質問者がわからないことについてなされるので，何がわからないのか，あるいは何を知りたいのかについて，言葉で表現すること自体にも，本来あいまいさを伴うことが多い。また，質問することに慣れていな

い質問者の一般的な心理として，自分の質問は取るに足らないものではないのかという不安や，図書館員の手を煩わすことへの遠慮があり，質問内容を一般化したり，婉曲に言う傾向がある。

マウント（E. Mount）は，質問者が最初の段階で，不適切で不完全な質問をしてしまう原因について考察し，次の九つの要因を挙げている[1]。

① 質問者が蔵書の深さと質について知らない。
② 質問者が利用できる参考資料について知らない。
③ 質問者が特定のツールで使われている用語について知らない。
④ 質問者が求める情報を必要とする理由について明らかにしたがらない。
⑤ 質問者自身が何を真に求めているかについて明確にしていない。
⑥ 質問者が質問するのに不安を抱いている。
⑦ 質問者が秘密にしておきたい質問なので，本当の内容を明らかにできないと思っている。
⑧ 質問者がレファレンス係員を嫌っている（あるいは逆にレファレンス係員が質問者を嫌っている）ので，自分が本当に知りたいことについて話すことを避ける。
⑨質問者がレファレンス係員の能力について信頼していない。

レファレンス係員は，レファレンス質問を受けた初期の段階では，まず，質問者が質問内容を明確に表明できるように援助しなければならない。このためには，質問者の心理をよく理解して，質問者が安心して相談できるような雰囲気をつくり出すこと，また質問者との間に信頼関係をつくり出すことが肝要である。

ジャホダ（G. Jahoda）らは，質問内容を明確化するための具体的なチェック・リストとして，次の7項目を挙げている。

① それは質問者が真に求めているものであるか？
② 求められている情報のタイプが明確になっているか？

---

1) Ellis Mount : *Communication barriers and the reference question.* Special libraries, v.57, 1966, p.575–578.

③ 質問の主題がはっきりわかっているか？
④ 質問の表現にあいまいな点はないか？
⑤ 求められている情報の量がはっきりしているか？
⑥ 求められている回答のレベルが明確になっているか？
⑦ その質問は許容される時間内に回答可能なものか？

(3) 質問内容の分析と解釈

　レファレンス係員が質問内容を明確に把握したら，次に，質問内容の分析と解釈を行う。この質問内容の分析と解釈は，質問者の情報要求と，その要求を充足することが期待される情報源との間の橋渡しをするのに不可欠なプロセスである。前に述べたレファレンスシステムのモデル（6-1図）に即して言えば，質問者の思考システムと情報システムとを，レファレンス係員の思考システムを媒介として結びつけるための手段として行われるのである。したがって，この分析と解釈は，具体的には一定の観点から，すなわち情報システムとの関連でなされることになる。

　質問内容の分析は，どのようにすればよいのであろうか。結論から先に言えば，質問内容を，①何について，②どのようなことを知りたいのか，という二つの構成要素に分けて考えることである。伝統的形式論理学(名辞論理学)では人間の思考の根本形式を「判断」というが，この「判断」は，問いに対する答えとしての意味をもっている。また，この「判断」を「SはPである」という形式で断定したものが「命題」である。したがって，一般に判断は，主語（S）と述語（P）との関係で示される。このように考えると，質問内容の構成要素である①と②は，問いに対する答えとして求められている判断の，①主語と②述語であるということもできよう。

　ジャホダ（G. Jahoda）とブロウナゲル（J. S. Braunagel）は，①情報要求の主題（何について）を与件（the given），②その主題について必要とされる情報のタイプ（どのようなことを知りたいのか）を情報要求（the wanted）と呼び，ほとんどの与件と情報要求のタイプはディスクリプタ（descriptors）と呼ばれ

る，限られた数の索引用語に分類することができるとして，それぞれを次に示すディスクリプタのチェックリストにまとめている[1]。

このチェックリストで質問を分析した例をいくつか挙げてみよう。

例1 "JICSTとは，何という組織の略称か？"という質問の与件は「略語」であり，情報要求は「組織体」である。

例2 "琵琶湖の面積はどのくらいか？"という質問の与件は「場所（固有名）」であり，情報要求は「数値情報―測定値」である。

例3 "徳川慶喜が生まれたのはいつか？"という質問の与件は「人物（固有名）」であり，情報要求は「日付」である。

例4 "セクシャルハラスメントに関する文献を調べたい"という質問の与件は「用語あるいは主題」であり，情報要求は「書誌」である。

例5．"OPACとはどういう意味か？"という質問の与件は「略語」であり，情

6-1表 与件および情報要求ディスクリプタのチェックリスト

与件（given）	情報要求（wanted）
略語 組織体（固有名） 人物（固有名） 場所（固有名） 用語あるいは主題（上記以外の） 特定の出版物	日付 図表など 数値情報 　属性（科学的に測定された） 　統計量（計数値を含む） 組織体 人物 住所あるいは位置 出版物 　書誌 　所蔵場所 　書誌データの確認あるいは完全化 文献的情報 　定義―記号 　推薦 　一般的あるいは背景的情報

---

1) Gerald Jahoda and Judith Schiek Braunagel：*The librarian and reference queries*. Academic Press, 1980.

報要求は「定義─記号」である。

例6 "図書館雑誌の創刊号は，どこの図書館で見られるか？"という質問の与件は「特定の出版物」であり，情報要求は「所蔵場所」である。

　ジャホダとブロウナゲルは，質問内容をその構成要素に分析して，より一般的な概念（ここではディスクリプタ）の組合せで表現することにより，情報源と関連づける仕組みをつくることを意図しているのである。

　次に，質問の解釈を行う。ここでいう解釈とは，情報システム，すなわち情報源および情報源で用いられている索引語との関連で解釈することである。質問の分析で得られた概念を，情報源の特定化と，その情報源から該当する情報を引き出す際に用いる語彙（検索語）の決定に向けて再構成することである。

　質問内容と情報源を媒介する方法に関して，さまざまな工夫が試みられている。原理的には，質問と情報源の内容を分析して抽象的に類型化するための準拠枠を決めて，あらかじめ情報源をその準拠枠に従って類型化しておき，個々のレファレンス質問を同じ方法で類型化して，両者を突き合わせる方法が考えられる。

　ジャホダとブロウナゲルは，前述した与件および情報要求ディスクリプタのチェックリストによって，情報源の種類別に分析し類型化している。

例1　伝記的資料のディスクリプタ
　　　与件：　人物
　　　情報要求：　日付，図表など

例2　蔵書目録および総合目録のディスクリプタ
　　　与件：　組織体，人物，場所，用語─主題，特定の出版物
　　　情報要求：　日付，組織体，人物，書誌，所蔵場所，書誌データの確認
　　　　　　　　あるいは完全化

例3　辞書のディスクリプタ
　　　与件：　略語─記号，人物，場所，用語─主題
　　　情報要求：　図表など，数値的情報─測定値，数値的情報─計数値，組
　　　　　　　　織体，住所─位置，定義─記号

例4　百科事典のディスクリプタ
　　　与件：　組織体，人物，場所，用語―主題
　　　情報要求：　日付，図表など，数値的情報―測定値，数値的情報―計数値，
　　　　　　　　組織体，人物，住所―位置，書誌，定義―記号，背景的情報
例5　索引，書誌，抄録のディスクリプタ
　　　与件：　組織体，人物，場所，用語―主題，特定の出版物
　　　情報要求：　書誌，所蔵場所，書誌データの確認あるいは完全化，背景
　　　　　　　　的情報

　個々の情報源の評価票を作成する際に，その情報内容に応じてディスクリプタを付与してデータベース化しておけば，質問の与件と情報要求のディスクリプタの組合せで検索することにより，情報源を特定化する手掛かりを得ることができよう。

　神戸市立図書館で試みられた方法は，質問内容を，A類　総合，B類　人事・人名，C類　地誌，D類　用語，E類　書誌，F類　統計・数字，G類　図譜・写真，H類　資料集，I類　年表・年譜，J類　その他，に分類して，これを縦の軸とする。そして横の軸に日本十進分類法（NDC）の分類（100区分）をとり，このマトリックスに番地を与えて，そこに個々のレファレンスブックを分類しておくというものである[1]。

　また，長澤は，求める情報の種類を，まず，「本とその部分」，「新聞と雑誌」，「ことばと成句」，「ものと事柄」，「ときと歴史」，「ところと地理」，「ひとと機関」の7分野に大別する。次に，それぞれの分野を5〜8種類の項目に分けて図表化し，そこにその種類の情報を提供するレファレンスブックのタイプを対応させる工夫をしている[2]。

　図書館で独自に情報源を導き出すツールを作成していない場合には，レファレンスブックの解題（注解）書誌や書誌の書誌を用いて，情報源を特定する方

---

1) 志智嘉九郎：レファレンス・ワーク　赤石出版　1962．
2) 長澤雅男：レファレンス・ブック―なにを・どうしてもとめるか―　補訂版　日本図書館協会　1981．

法もある。日本の代表的なレファレンスブックの解題書誌である『日本の参考図書第4版』[1]では，書誌・索引類を含むレファレンスブックを，「日本十進分類法（新訂9版）」に準拠して，総記，哲学，歴史，社会科学，自然科学，技術，産業，芸術，言語，文学の10部門に大別し，さらにその中を第3次区分表に準じて細分しており，目次でその分類体系を示している。また，索引として書名索引と事項索引（件名の50音順）を用意している。

（4）探索方針の決定と探索の実行

質問内容の分析と解釈から情報源の特定化ができたら，次に探索を実行することになるが，その前に探索方針を決める。探索の実行に移る際に最小限必要な前提条件は，次の二つである。

　① 探索すべき情報源を特定化すること
　② 特定化された情報源を検索するためのキーワードを決めること

即答可能な軽微な質問の場合には，これだけで十分であるが，調査を必要とする質問（search question），特にある主題や人物に関する文献を求める質問の場合には，さらにいくつかの条件を事前に決めておく必要がある。具体的には，例えば，次のような事項である。

　③ 求める情報がどの期間のものであるかを明確にすること
　④ 提供する情報がどの言語のものであるかを限定すること
　⑤ 質問者が必要とする情報の水準と量を聞いておくこと
　⑥ 回答の様式を決めておくこと
　⑦ 質問者とレファレンス係員が許容し得る探索時間を決めておくこと

もちろん，上記の諸条件は，すべてのレファレンス質問に一律に適用すべきものではない。質問によって当然探索方針として決めておくべき条件は異なる。

また，実際に探索を実行してみて，うまくいかない時には，探索方針を変更したり，さらには質問内容の分析と解釈を変えなければならないこともあり得

---

1) 日本の参考図書編集委員会編：日本の参考図書　第4版　日本図書館協会　2002.

る。

　決定された探索方針に基づいて探索を実行する際に，レファレンス係員に求められるのは，効果的でしかも効率的な探索である。効果的な探索とは，質問者の要求を充足する情報を見出すこと，また，効率的な探索とは，有効な情報を最小限の時間と労力で発見することである。

　探索の具体的な技法は，情報システム，すなわち情報源システムと，特定の情報源の中から必要な情報を検索するための語彙のシステムによって異なる。すなわち探索の対象とする情報源が提供する情報の範囲，記述様式，情報項目の排列法，補助的な検索手段として用意されている索引などにより，また，情報項目の排列や索引の排列に使用されている用語（索引語）によって，探索の技法も異なる。これらのことについては，オンラインあるいはオンディスクのディジタル・データベースは別にして，冊子体の情報源では，通常，「はしがき」や「凡例」で解説しているので，検索に入る前に必ず確認しておくべきである。

（5）　レファレンス質問の回答

　情報源から有効な情報が得られたら，それを質問者に提供する。この段階で質問者の情報要求が充足されれば，これまで述べてきた一連のレファレンスプロセスが終結することになる。質問者が回答に満足しなければ，プロセスの必要な段階に戻って，やり直しをしなければならない。

　回答の様式は，p. 119(1)で述べたレファレンス質問のタイプによって異なるが，同じタイプの質問についても，個々の図書館のサービス方針によって違いがある。例えば，特定の事実や文献に関する情報を提供する場合に，情報そのものを提供するか，その情報を入手するための情報源（資料）を示し，その利用の仕方を指導するかの違いである。個々の図書館がどちらの回答様式を採っているかについては，その図書館のサービス方針が，第2章で解説したレファレンスサービスに対する三つのアプローチのどれに近いかということに関連している。

　日本図書館協会公共図書館部会参考事務分科会が1961年に作成した「参考事

務規程」（巻末資料（p.167）参照）では，回答事務の原則として，次の4カ条を挙げている。

　　3条　回答事務は資料を提供することを原則とする。
　　4条　前条の規程にかかわらず，軽微な質問であって資料の裏付のあるものに限って解答を与えてもよい。
　　5条　自館で資料を発見出来ない場合には適当な他の図書館または，専門機関・専門家への紹介または照会をはかる。
　　6条　3条から5条までの範囲を越える便宜または利益の供与はしない。

　この「参考事務規程」の原則は，現在でも専門図書館以外の館種の大部分の図書館で採用している方針であろう。大学図書館および学校図書館においても，学生・生徒のレファレンス質問に回答する場合，学生・生徒自身に調べさせることに教育的価値を認めて，情報そのものを提供せずに，情報の所在を指示したり，資料を提供したり，あるいは利用法の指導にとどめることが多いからである。

　回答の内容は，特に情報（解答）そのものを提供する場合には，正確で客観的なものでなければならないのが基本原則であるが，このことは結局，情報源の正確さと客観性に依存しているといえる。したがって，信頼できる情報源（資料）を用いることは当然のこととして，可能な限り複数の情報源を参照することが望ましい。また，場合によっては，情報源によって情報内容が基本的に異なることもあり得る。こうした場合には，レファレンス係員が勝手に適否の判断をするのではなく，そのまま質問者に提示すべきである。

　質問を受けた図書館が保有する情報源では対応できずに，解答が見出せないと回答せざるを得ないこともある。このような場合には，外部の情報源を紹介するなどして，質問者が次の行動をとれるように指導（案内）をすべきである。

　回答は，効率的な探索によって，できるだけ速やかに行う必要がある。探索に使える時間は，探索方針としてあらかじめ確認しておくこともあるが，特に決めておかなくても，質問者とレファレンス係員の双方に許容し得る限度があるはずである。図書館員による人的援助に関しても，"利用者の時間を節約する"

という図書館サービスの原則は変わらない。

　回答の制限としては，図書館の方針として質問の受付の段階で制限する場合と，レファレンスプロセスにおいて種々の事情から結果的に回答が制限される場合とがある。

　前者の例としては，前に述べたように学生・生徒に対するサービスの場合とか，質問の内容が図書館で扱うのに適していない場合，さらには特定の質問者から集中的に多量の質問が出された場合などがある。後者は，図書館全体の能力，すなわち物的および人的資源の質と量によって，回答の内容とか様式が結果的に制限される場合である。先に引用した「参考事務規程」では，以下のように規定している。

　　7条　他人の生命・名誉・財産等に損害を与え，または社会に直接悪影響をおよぼすと見られる問題は受け付けない。
　　8条　次の各号に該当する質問には解答を与えてはならないと共に資料の提供も慎重でなければならない。ただし問題によっては専門機関・専門家を紹介する。
　　　a. 医療・健康相談
　　　b. 法律相談
　　　c. 身上相談
　　　d. 仮定または将来の予想に属する問題
　　9条　次の各号に該当する質問には解答を与えない。
　　　a. 学校の宿題
　　　b. 懸賞問題

　このほかにも，図書館で扱うのに適していない問題はいろいろ考えられるが，要するに，専門職としての図書館員に許される判断の領域を越える問題，あるいは逆に言えば，他の専門職の判断に委ねるべき問題は，制限事項になるであろう。ただし，レフェラルサービス，特に公共図書館における案内紹介サービスは，図書館が直接扱うには適していないが市民生活に密着した問題に関する質問を積極的に受け付け，適当な専門機関を紹介し，また実際に案内すること

によって，質問者の情報要求に応えようとするサービスであることを知っておく必要がある。

　図書館全体の力量によって結果的に制限されることについては，レファレンスコレクションなどの情報源を整備し，レファレンス係員の資質の向上を図ることなどにより，制限範囲が縮小するように努めなければならない。

(6) レファレンスインタビュー

　利用者の情報要求を出発点としてその要求の充足を終結点とするレファレンスプロセスは，レファレンス係員と質問者が共同で行う問題解決の重要なプロセスである。

　このレファレンスプロセスにおいて，レファレンス係員と質問者のコミュニケーションのためのやりとりをレファレンスインタビュー（reference interview）という。

　レファレンスインタビューも面接の一種なので，ここで面接法一般についてまとめておこう。岡野は，面接の種類として次の三つを挙げている[1]。

　① 「与える」面接　G(ive)型…　面接者が被面接者に対して，目的に応じた情報や資料を与える面接。

　② 「引き出す」面接　T(ake)型…　対象者から，特定の目的に応ずる真実を，できるだけ多く引き出す面接。

　③ ①と②の混合　TG型

　また，面接の目的として，①情報獲得，②意思決定，③問題解決，④勧告・説得・指導，の四つを挙げ，①と②はT型，③はTG型，④はG型の面接であるとする。

　レファレンスインタビューにこの面接法を適用してみると，レファレンス係員が面接者，質問者が被面接者（来談者）であり，面接の種類としては，③のTG型ということになろう。この型の面接には，人事や教育に関する相談，また

---

1)　岡野弘：面接―その心理と論理―　高文堂出版社　1980.

医事相談や法律相談がある。来談者が何らかの問題をかかえ，その解決を求めて面接に臨むタイプの面接である。

　この型の面接の場合，来談者側の発言内容は，「訴え，尋ね，説明を求める」もので，一方，面接者側の発言内容は，「尋ね，共に考え，あるいは追求し，説明を加え，場合に応じて示唆や助言を与える」ものであり，面接者としては，相手の立場に共感を示しながら，訴えの動機や問題の背景に考察をめぐらす構えが必要であると，岡野は指摘している。

　レファレンスインタビューにおけるレファレンス係員の立場も，基本的にはこの面接者の立場と同様である。質問内容の明確化，質問内容の分析と解釈，探索方針の決定のためには，質問者から多くのことを「引き出す」ことが必要である。その際には，質問者の立場をよく理解し，場合によっては，質問の動機や，質問の背景となっている質問者自身のさまざまな属性を把握することも必要となる。また，質問者から「引き出す」ということには，質問者の言葉からだけではなく，態度や身振り手振りなど身体的表現から「引き出す」ことも含まれる。そして，質問の回答段階では，質問者の問題解決に必要な情報や資料を「与える」ことになる。レファレンス係員の資質の一つとして，優れた面接者であることが要請されるといっても過言ではない。

　キング（G. B. King）は，レファレンスインタビューの実際的な技法として，「自由な応答を求める問いかけ」（open question）と，「選択的な応答を求める問いかけ」（closed question）の使い分けを提唱した[1]。

　「自由な応答を求める問いかけ」とは，どのように応答するかは質問者に任される問いかけで，「なにが」，「いつ」，「どのように」，「だれが」，「どこで」という形で問われる。これに対して，「選択的な応答を求める問いかけ」とは，「はい」か「いいえ」のいずれか，あるいは選択肢のどれかを選ぶ形で答えることが求められる問いかけである。

　キングは，質問者とのやりとりの前半の段階では，「自由な応答を求める問い

　1） G. B King：The reference interview: open and closed question., *RQ* vol.12, 1972, p.157-160.

かけ」を,そして質問者とのやりとりの後半の段階では,「選択的な応答を求める問いかけ」をすべきであるとする。レファレンス質問の受付および質問内容の明確化の段階では,質問者が自分の情報要求について自由に話すことを促すことが重要であるのに対して,質問内容の分析と解釈および探索方針の決定の段階では,情報源の特定化や検索語の抽出など,質問内容を図書館の情報システムで検索できるように翻訳する必要があるからである。

インターネットのWeb上で自学自習するための優れた教材として知られている「Ohio Reference Excellence (ORE) Web-based Training」[1]では,レファレンス係員のレファレンス行動モデルのチェックリストとして,次のような項目を挙げている。

① 近づきやすさ (approachability)
　　— 笑顔で応対すること
　　— 視線を合わせること
　　— 親しみのある挨拶をすること
　　— 目の高さを保つこと
② 安心 (comfort)
　　— くつろいだ口調で話すこと
　　— 利用者に合わせること
③ 関心 (interest)
　　— 視線を合わせるのを維持すること
　　— 思いやりのあるコメントをすること
　　— 最大限に注目すること
④ 傾聴 (listening)
　　— 口をはさまないこと
　　— 言い替えること
　　— 明確にすること

---

1) http://www.olc.org./ore

⑤ 質問 (inquiring)
　― くわしく探ること (「自由な応答を求める問いかけ」をすること)
　― 確認すること
⑥ 探索 (searching)
　― 最初の情報源で答えを見出すこと
　― 別の情報源も探索すること
　― 常に利用者に知らせること
　― 案内・紹介を申し出ること
⑦ 情報提供 (informing)
　― 明瞭に話すこと
　― 回答が理解されたかどうか確認すること
　― 情報源に言及すること
⑧ 追加確認 (follow-up)
　― 質問に完全に答えているかどうか尋ねること
　― 他に追加質問がないかどうか尋ねること

　電子メールによる質問・回答サービスを行う場合でも，レファレンスインタビューが重要であることに変わりはない。ストロー (Joseph E. Straw) は，対面インタビュー (face-to-face interview) と電子的インタビュー (electronic interview) を比較検討し，「コミュニケーション・テクノロジーの変化にかかわらず，レファレンスインタビューはレファレンス業務処理の中心にあり続けるであろう。」として，効果的な電子インタビュー技法についていくつかの提言をしている[1]。
　① どのような時に電子インタビューを用いるのが適当であるのかを考える必要がある。電子メールのような手段は，少ない情報源や限られた追加調査だけを要する短い業務処理に向いている。
　② 近づきやすさの問題は，伝統的なレファレンス・デスクにおけるのと全

---

1) Joseph E Straw : *A virtual understanding*. The reference interview and question negotiation in the digital age. Reference & user services quarterly, vol.39 no.4, 2000 p.376-379.

く同様に，電子的環境においても重要である。バーチャルな近づきやすさ（virtual approachability）を作り出すためには，利用者に適切な場所に質問を送らせるような直感的なシステムを開発する必要がある。また，最初の通信を受けたら，ただちにメッセージを受け取った旨の返事をすることも大事である。

③ 単なる事実を超えた質問の場合には，レファレンス係員は対面インタビューの時と同様に，「選択的な応答を求める問いかけ」と「自由な応答を求める問いかけ」を併せて用いることができる。電子メールによるやりとりで説明するためには，新しいメッセージを作成して送信することが必要である。また，電子的なコミュニケーションは，メッセージの行間を読み，解釈することについて，レファレンス係員の技能を試すことになるであろう。

④ 電子的手段は，やりとりが成功であったか失敗であったかについて，利用者から反応を得るためには最適の方法である。また，オンラインで質問に回答することは，レファレンス係員にとって，利用者から別の質問を引き出したり，図書館が提供する他の情報源やサービスを提示する絶好の機会である。

⑤ 電子的，また電子メールによるコミュニケーションの出現は，良い聞き手であることの責任からレファレンス係員を解放したわけではない。この技能は，伝統的な対面インタビューから引き継がれなければならないことに疑いはない。また，おそらく電子的レファレンスインタビューの重要な要素は，書き言葉のコミュニケーションである。レファレンス係員は，良く整理されていて，簡潔で，しかも論理的なメッセージを書くことができなければならない。

第7章　各種情報源の特徴と利用法

1．情報サービスにおける情報源の多様化

　図書館などの情報サービス機関が情報サービスを展開するためには，さまざまな情報源が必要である。レファレンス情報源（reference source）とは，情報サービスにおける質問の回答に利用される情報源のことであり，第5章　情報サービスの組織と資源（p.86〜）に記したように，図書館内外の記録情報源と非記録情報源が含まれている（5-7図参照，p.99）。一方，レファレンス資料（reference material）は，情報サービスを行う際に必要となる資料を意味している。

　レファレンス資料とは，「特定の情報を求めるときに，その一部を参照（reference）のために利用するが，表紙から奥付まで全体を通して読む種類のメディアではなく，調査のための利用を想定して編纂された図書およびデータベースなどを指す」[1]と定義できる。

　レファレンス資料には，多様な記録資料が含まれているが，近現代の図書館では，長年，情報探索の手段（情報源）として冊子体（図書形態）のレファレンスブックが利用され，重要な位置を占めていた。しかし，1940年代に誕生したコンピュータによる情報処理技術の進歩の結果，情報探索の手段（情報源）として，コンピュータを活用することが重要になってきた。1950年代には，コンピュータが二次資料の編集・印刷に利用されるようになり，編集・印刷の副産物としてデータベースが誕生した。その後，データベースに蓄積された情報

1）　図書館情報学ハンドブック編集委員会編：図書館情報学ハンドブック　第2版　丸善　1999　p.256.

は検索できるようになり，商用のオンラインデータベースへと発展していった。1980年代には，データベースをパッケージ化したパッケージ型電子メディアとしてのCD-ROMが誕生し，1990年代後半にはDVD-ROMも開発された[1]。さらに，1990年代には，インターネットの普及に伴い，従来の商用オンラインデータベースをインターネット経由で利用することも可能になった。このような状況を受けて，永年，冊子体のレファレンスブックとして提供されていた各種の情報がデータベースに蓄積されるようになり，オンラインデータベースやCD-ROMなどの形態で利用できるようになった。

現在，図書館の情報サービスで利用できるレファレンス資料は，冊子体のレファレンスブックだけでなく，オンラインデータベース，パッケージ型電子メディア，インターネット上の情報へと急速に拡大している。現代の図書館では，各種のレファレンス資料（冊子体，オンラインデータベース，パッケージ型電子メディア，インターネット上の情報など）を活用しながら，多様な情報サービスを展開することが求められている。

2．情報サービスにおける各種情報源の特徴

現代の情報サービスでは，さまざまなレファレンス資料を利用することができるが，レファレンス資料の基本的な性格を把握するには，冊子体のレファレンスブックの特徴を理解することが重要である。そこで，本節では，最初にレファレンスブックの特徴を説明し，次に冊子体以外のメディアで提供されるレファレンス資料の特徴を解説する。

（1）レファレンスブック

レファレンスブック（reference book）は，「情報を縮約ないし編成して項目にまとめ，それらを一定の方式にしたがって配列し，収録されている情報が容

1）情報科学技術協会編：情報検索の基礎　第2版　日外アソシエーツ　1997　p.4, 28.

易に検索できるように編集されている冊子体の資料」[1]であり，参考図書と呼ばれることもある。レファレンスブックの要件は，次の3点である[2]。

① 二次的な情報を収録している（内容面）。
② 情報を編集意図にそって分割し，同一形式で表現し，項目見出しを立て，一定の方針で配列している（形式面）。
③ 冊子形態の資料であり，参照が容易である（形態面）。

②の項目見出しは，レファレンスブックに収録された情報にアクセスする手がかりであり，項目見出しの配列方式には，五十音順，ABC順，年代順，地域順，体系順などがある。レファレンスブックは，③のように冊子形態で提供されてきたが，情報処理技術の進展に伴って，他の形態で提供されるレファレンス資料が増加している。

レファレンスブックは，その内容から，事実解説的なレファレンスブックと案内指示的なレファレンスブックに大別できる[3]。

事実解説的なレファレンスブックとは，主としてレファレンスブックそれ自体から必要な情報を直接得ることができるものであり，さまざまな事実を調査し解説を求めるのに都合がよいように編集されている。事実解説的なレファレンスブックの例としては，辞書（dictionary），百科事典（encyclopedia），専門事典（special dictionary），便覧（handbook），図鑑（pictorial book），年表（chronological table），年鑑（yearbook），地図帳（atlas）などが挙げられる。

事実解説的なレファレンスブックは，小・中・高等学校の教育課程の中でも学習の一環として利用されることがあるので，何種類かのレファレンスブックについては，小・中・高等学校の段階で触れる機会があるであろう。しかし，図書館などの情報サービス機関で利用される事実解説的なレファレンスブックには，多巻ものの大部なものまで，多種多様なものが存在する。

一方，案内指示的なレファレンスブックは，他の情報源への手がかりを提供

1） 長澤雅男著：情報と文献の探索　第3版　丸善　1994　p.6.
2） 長澤雅男：同上書　p.6.
3） 長澤雅男：同上書　p.18.

するものであり，レファレンスブック自体は書誌データ（例えば，図書の著者，書名，版表示，出版地，出版者，出版年，総ページ数）などの情報を示し，必要な情報へのガイドを提示するものである。したがって，案内指示的なレファレンスブックは，事実解説的なレファレンスブックと異なり，探している情報の回答そのものを提供するわけではない。案内指示的なレファレンスブックの例としては，書誌，目録，索引などが挙げられる。書誌，目録，索引の定義は，以下のとおりである[1]。

- 書誌（bibliography）：独立の書誌的単位をなす文献資料（例えば，図書，雑誌，パンフレット，フィルム，磁気資料など）について，その書誌データを項目としてまとめた二次資料（文献リスト）。冊子形態の書誌の場合は，それらを一定の排列方式に従って収録編成している。
- 目録（catalog）：図書館あるいは特定のコレクション中の独立の書誌的単位をなす特定の資料（例えば，図書や雑誌）に基づく書誌データを項目にまとめ，それに所在指示（例：請求記号や所蔵館名）の機能を付与した二次資料。
- 索引（index）：特定の文献資料（群）に含まれている各種の情報（例えば，図書の中の特定の章，雑誌の中の1論文）が探知できるように，それを項目として抽出し，所在指示（例：参照箇所や収載箇所）の機能を付与した二次資料。

一般に，案内指示的なレファレンスブックは，事実解説的なレファレンスブックと比較すると，あまり身近な存在ではない。事実解説的なレファレンスブックと案内指示的なレファレンスブックを効率的に活用するには，個々のレファレンスブックの構成（凡例，目次，分類，索引）や内容を熟知している必要がある。各種のレファレンスブックの詳細については，本シリーズの第5巻『改訂 レファレンスサービス演習』で解説している。

なお，レファレンスブックを用いた情報探索は，マニュアル検索（manual

1） 長澤雅男：前掲書 p.19.

search）ととらえることができる。マニュアル検索とは，目的の情報や文献を探し出すために，冊子体の目録や索引などを利用して，人間が手作業（manual）で（手と目を使って）検索することである。

（2） データベース

データベース（database）とは，「様々な情報をコンピュータの中に蓄積し，必要に応じて引き出せるように整理・分類されたもの」[1]である。データベースは，ネットワーク環境下あるいはスタンドアロンで，情報検索の際に活用される。オンラインデータベースは，ネットワーク環境下での利用形態であり，CD-ROMやDVD-ROMのようなパッケージ型電子メディアは，スタンドアロンでの利用である。1960年代以降，冊子体のレファレンスブックで永年提供されてきた各種の情報がデータベースに蓄積されるようになり，オンラインデータベースやパッケージ型電子メディアとして利用できるようになってきた。

コンピュータを用いた情報探索は，コンピュータ検索（computer search）と呼ぶことができる。コンピュータ検索とは，磁気テープ，磁気ディスク，CD-ROMなどのコンピュータ記憶媒体に蓄積された情報の中から，コンピュータを利用して必要な情報を検索することである。コンピュータ検索は，オンライン検索とオンディスク検索に区分できる。前者はオンラインデータベースを使う場合であり，後者はCD-ROMやDVD-ROMをスタンドアロンで用いる場合である。

マニュアル検索と比較することによって，コンピュータ検索（特に，オンライン検索の場合）の長所と短所は，情報源の特性からみると，次のようにまとめることができる。

［コンピュータ検索（オンライン検索）の長所］

① 冊子体は，刊行後，掲載情報を最新情報に更新することが難しく，収録内容が古くなり，タイムラグが生じる。一方，オンラインデータベースでは，収録内容を随時更新することが可能であるので，情報の速報性が高い。

---

1) 『データベース活用マニュアル：情報検索，パソコン通信，インターネット…ビギナーからサーチャーまで』情報図書館 RUKIT 1996 p.3.

② 冊子体は，人間が手作業で検索を行うため，調査の対象や範囲が広がるにしたがって，検索に膨大な時間がかかるようになる。一方，オンラインデータベースでは，コンピュータを用いて検索するので，調査の対象や範囲が広い場合でも，検索時間が短くてすむ。

③ 冊子体では，特定の主題に関する情報を現在から過去へ一定期間遡って調べる遡及検索（retrospective search）の際に，多数の冊子体を検索する必要がある。一方，オンラインデータベースでは，調査の対象期間が長い場合でも，効率的に遡及検索ができる。

④ 冊子体では，出版の際に，アクセスポイントである検索語（項目見出し）の排列方式が決定され（事前結合索引法（pre-coordinate indexing）），複数のアクセスポイントを組み合わせた検索をすることが困難である。一方，オンラインデータベースでは，アクセスポイントの種類が多く，複数のアクセスポイントを組み合わせること（事後結合索引法（post-coordinate indexing））が可能であり，多様な検索機能が用意されている。

⑤ 冊子体では，検索結果を利用する際は，印刷されている内容を転記したり，コピーするしかない。一方，オンラインデータベースでは，検索結果はディジタル情報で表現されているので，パソコンのワープロ機能や表計算機能に検索結果をダウンロードすることも可能であり，検索結果の加工がしやすい。

⑥ 冊子体（特に案内指示的なレファレンスブック）の場合は，書誌データを示すことによって，必要な情報へのガイドを提示している。一方，オンラインデータベースの場合には，書誌データだけでなく原情報まで提供するものもある。したがって，データベースの種類によっては，原情報が入手しやすい。

⑦ 冊子体の場合は，多巻物の大部なものや定期的に刊行されるものが多いために，一定規模の保管スペースを継続的に確保する必要がある。一方，オンラインデータベースの場合には，コンピュータの記憶媒体上に情報が蓄積されているので，冊子体よりもスペースが節約できる。

[コンピュータ検索（オンライン検索）の短所］

① 冊子体は，通覧性があるので，中身を拾い読みしたりするブラウジングによって，偶然に情報を発見する可能性がある。一方，オンラインデータベースの場合は，入力した検索語に対応した結果のみが表示されるので，ブラウジングによる検索が弱い。

② 冊子体は，さまざまな主題の資料が存在しており，その収録期間もかなり古い時代まで遡る(さかのぼ)ことが可能である。一方，オンラインデータベースの場合は，情報の遡及(そきゅう)入力が進められているが，冊子体に比べると，情報の遡及期間が短い。人文科学や社会科学の領域では，自然科学の領域に比べて，古い時期の情報に関しても情報要求の頻度が高いが，データベースへの情報の蓄積は十分とはいえない状況である。

③ 冊子体の場合は，冊子体を開く場所と読むことができる明るさがあれば，冊子体のページをめくることによって，人間が手作業で検索することができる。一方，オンラインデータベースの場合は，情報検索の技術を駆使するためには，ある程度の熟練が必要とされる。

④ 冊子体の場合は，購入後，冊子体を利用するための特別な設備は必要としない。一方，オンラインデータベースの場合は，コンピュータをはじめとして，情報検索をするための設備を維持・管理・更新する必要がある。

⑤ 冊子体の場合は，冊子体の購入経費は必要であるが，冊子体を利用する際にお金がかかることはない。一方，オンラインデータベースの場合は，定期的に一定のデータベース利用料金を支払ったり（固定料金制），データベースを利用するたびに利用料金を支払う（従量料金制）必要があるものがある。

ここまで，コンピュータ検索（オンライン検索）の長所・短所を考察してきたが，マニュアル検索では，コンピュータ検索の短所（5点）が長所となり，コンピュータ検索の長所（7点）が短所となる。コンピュータ検索にも短所はあるが，コンピュータ検索は，マニュアル検索よりも多様な検索が可能である。したがって，今後のレファレンス資料は，冊子体のレファレンスブックよりも

データベースの形態で提供されるものが増加していくと考えられる。

しかし，① データベースが存在しない主題や領域のレファレンスブックが多数あること，② データベースの収録期間が，比較的最近のデータに限られていること，③ 冊子体のレファレンスブックの情報とデータベースに収録された情報が完全に一致しているわけではないこと[1]などを考えると，レファレンスブックとデータベースを併用し，状況に応じて使い分けることが必要である。

CD-ROM や DVD-ROM のようなパッケージ型電子メディアは，通常，オンディスク検索で利用される。CD-ROMやDVD-ROMの長所・短所は，コンピュータ検索の長所・短所とおおむね一致する。ただし，CD-ROM や DVD-ROM の場合は，冊子体と同様に，収録内容を最新情報に更新する際にタイムラグが生じるので，情報の速報性は高くないという短所がある。一方，CD-ROM や DVD-ROM は，固定料金制でデータベースを契約したり，冊子体のように一度に購入することができるので，個々の利用の際に利用料金を課さなくてよいという長所がある。CD-ROMは，当初はスタンドアロンでの利用を想定して誕生した。しかし，多数のCD-ROMを多数の利用者が同時に利用できるようにするために，CD-ROM サーバによる検索システムが開発されるようになった[2]。

このような CD-ROM 検索システムは，「LAN（組織内のネットワーク）にCD-ROM サーバを接続し，利用者は LAN に接続された多数のクライアントパソコンから CD-ROM サーバ上の CD-ROM を利用する」[3] というものである。現在では，DVD-ROMを搭載できるCD-ROMサーバも開発されている（例えば，(株)日鉄エレックスの NSCDNet Intranet など）。CD-ROM サーバを利用した CD-ROM 検索システムは，スタンドアロンの利用形態よりも便利である。しかし，この場合のCD-ROMの利用料金は，スタンドアロンの利用料金と異なり，パソコンの接続台数に応じたネットワーク利用料金になることに注意する必要がある。なお，パッケージ型電子メディアの発展は目覚ましいものがあり，CD-ROM

1） 長澤雅男：前掲書 p.8.
2） 大原寿人「CD-ROM ネットワークの導入」『大学図書館研究』No.38 1991 p.41.
3） 緑川信之編著：情報検索演習（新現代図書館学講座 7） 東京書籍 1998 p.42.

はDVD-ROMへと取って代わられようとしている。

　各種のオンラインデータベースやパッケージ型電子メディア（CD-ROM，DVD-ROM）の利用方法の詳細については，本シリーズの第6巻『改訂情報検索演習』で解説している。

（3）インターネット上の情報

　インターネット（Internet）とは，TCP／IP（Transmission Control Protocol／Internet Protocol）という通信プロトコルを採用したコンピュータネットワークであり，世界各地のコンピュータネットワークを相互に接続したコンピュータネットワークの総称である[1]。

　1990年代以降，インターネットを利用することによって，一般の人々が，①意見・情報の交換，②共有化情報・データ・ソフトウェアの利用（情報の利用），③共有化情報・データ・ソフトウェアの提供（情報の発信），④共同作業，などを手軽に行えるようになった[2]。特に，Web（World Wide Web）の発達は，インターネットによる情報の発信や利用を促進した。Webは，HTML（HyperText Markup Language）と呼ばれる書式で書かれたハイパーテキストによって，世界中のデータを関連するものどおし蜘蛛の巣（web）のように結びつけて，閲覧・検索できる仕組みである[3]。Webページを閲覧（ブラウズ）するためには，Webブラウザ（例：Internet Explorer，Netscape Navigator）と呼ばれるソフトウェアが必要である。

　現在，インターネット上には，さまざまな情報が流通している。商用のオンラインデータベースは，当初は電話回線等のネットワークを通じて利用されていた。しかし，今日では，インターネット経由でWebブラウザを用いて検索するものが主流になりつつある。伝統のある商用のオンラインデータベースは，情報の収集・組織化・蓄積が厳密に行われているので，提供方法がインターネッ

1）情報科学技術協会編：前掲書　p.91，108，139．
2）情報科学技術協会編：情報検索のためのインターネット活用術　日外アソシエーツ　1996　p.8-9．
3）情報管理編集部編：完全インターネットガイド　情報管理　1996　p.232．

ト経由に変わっても，前項「(2) データベース」(p.140) で論じたコンピュータ検索（オンライン検索の場合）の長所と短所を適用することができる。しかし，インターネット上の多くの情報は，従来の伝統的な商用データベースのように，情報の収集・組織化・蓄積が厳密に行われているわけではないことに十分に注意する必要がある。

インターネット上の無料で利用できる情報には，次のようなものがある[1]。

① 研究者間で共有化してきた情報を一般公開したもの（例：大学や研究機関の Web ページ上のデータベース）
② 企業の宣伝，広報活動
③ 政府関連の公開情報
④ 有料で提供している情報の一部を無料で提供（例：有料データベースの試験的な（サンプル）利用）
⑤ 有料で提供する情報を特定するための無料サービス（例：オンライン書店の各種の検索システム）
⑥ 個人が趣味あるいは何らかの目的で提供する情報
⑦ ①から⑥の要素が複合しているもの

インターネット上の各種の情報を探索するには，サーチエンジン（search engine）が使われる。サーチエンジンとは，「インターネット上の膨大なウェブページから，利用者が必要とするページを検索するシステムあるいはサービス」[2] のことである。インターネット上の商用のオンラインデータベースやサーチエンジンの利用方法の詳細については，本シリーズの第6巻『改訂情報検索演習』で解説している。

インターネット上の情報は，膨大な量で日々ふえ続けており，その形態もさまざまである。インターネット上には，図書館などの情報サービスに利用できる有益な情報が無料でかなり提供されている。しかし，有益な情報については，

---

1) 情報科学技術協会編：前掲書　1996　p.12-15.
2) 日本図書館情報学会用語辞典編集委員会編：図書館情報学用語辞典　第2版　丸善　2002　p.80.

従来の商用データベースよりも安価な価格設定であるが，有料で提供されることがふえてきている。有益な情報が無料で提供されている場合は，それらの情報がなぜ無料で提供されているのか，情報の提供者側の考えや思惑を把握しておく必要がある。インターネット上の情報の信頼性は，情報を得た側が判断しなければならないのである。図書館のような情報サービス機関が，インターネット上の有益な情報を選択し，Webページ上にリンク集を作成することは重要な仕事であるが，適切な情報を選択するには，情報を評価することが必要である。

インターネット上の情報の評価基準項目として，坂井千晶は，以下の27項目を列挙している[1]。

A. 情報発信者・作者

①情報発信者名の有無，②情報発信者の所属団体，③情報発信者の学歴・経歴・業績，④情報発信者の連絡先，⑤情報発信者の認知度・評判

B. 情報の内容

⑥主題，⑦情報の発信目的，⑧トピックの範囲，⑨時間の範囲，⑩ウェブ・サイトの作成日・更新日，⑪利用対象者・レベル，⑫構成，⑬情報の種類，⑭正確性，⑮情報の出典，⑯偏見，⑰バランスの取れた視点，⑱首尾一貫性

C. アクセス

⑲無料・有料，⑳複数アクセスの可否，㉑安定したアクセス，㉒個人情報の開示・同意書の必要性，㉓ダウンロード所要時間，㉔必要なソフトウェア

D. ナビゲーション

㉕サイトのレイアウト，㉖サイト内のナビゲーション，㉗リンクの有効性

インターネット上には，多種多様な情報が流通しており，冊子体のレファレンスブックでは入手できない（提供されない）ような情報を探索・入手することもできる。現代の図書館では，情報サービスを展開する際に，インターネット上の情報の欠点を十分踏まえた上で，インターネット上の情報を情報サービスに積極的に活用する必要がある。例えば，インターネット上の情報をサーチ

---

1) 堀川照代，中村百合子編著：インターネット時代の学校図書館：司書・司書教諭のための「情報」入門　東京電機大学出版局　2003　p.101-112．

エンジンで調べることによって，情報探索の手がかりを得ることができる。ただし，インターネット上の情報は玉石混淆（ぎょくせきこんこう）であるので，サーチエンジンで得られた結果を鵜呑みにせず，複数のレファレンスブックや商用のオンラインデータベースなどを用いて，インターネット上の情報が正確かどうか多角的に検証する姿勢をもつことが大切である。

　冊子体の資料と比較した場合，インターネット上の情報の問題点として，① 情報の識別と所在が明確でないこと，② 情報の精度と信頼性が低いこと，③ 保存体制が不備であること，の3点が指摘されている[1]。

　①の問題点は，インターネット上の情報は，従来の印刷資料のような書誌コントロールに相当する作業が十分に行われておらず，インターネット上の情報を明確に記述・識別し，所在を把握することが困難であることを指摘したものである。各国の国立図書館は，近代以降，国内刊行の印刷資料（図書や雑誌など）の書誌コントロールに力を注いできた。インターネット上の情報を記述するために，メタデータの議論や提案がなされ，メタデータの作成が開始されているが，各国の国立図書館が実施している印刷資料の書誌コントロールと比べると不十分な点が多いといえる。

　②の問題点は，インターネット上の情報は，従来の印刷資料に比べると多種多様な情報が存在しており，雑多な情報が流通しているために，情報の精度や信頼性が低くなることを指摘している。インターネット上の情報には，非合法な情報や不正な情報も含まれているので，図書館などの情報サービスの情報源として活用するには，情報の内容を十分に吟味する必要がある。

　③の問題点は，インターネット上の情報は，図書館資料のように永久的に蓄積・保存するという方針で運用されているわけではないことを指摘している。印刷資料の場合は，各国の国立図書館がそれらの資料を収集・整理・保存し，将来的な利用に対応する体制がおおむね整備されている。しかし，インターネット上の情報については，そのような蓄積・保存の体制が整備されておらず，一

1）戸田愼一「ネットワーク情報資源と図書館・情報サービスの将来」『情報の科学と技術』Vol.44　No.1　1994　p.5-6.

部の機関が試験的にWebページの保存（アーカイブ）を試みている段階である。ネットワーク環境下で，調査研究に有用な情報をどのように蓄積・保存していくのかという問題は，インターネット上の情報が拡大するにつれて，大きな問題になると思われる。

なお，インターネット上の情報を論じる際に，ネットワーク情報資源（networked information resources）という用語が使われることがある。ネットワーク情報資源とは，「インターネットを基盤とするネットワーク環境で，ネットワークを介して探索，入手，利用ができる情報・知識のうち，個人または組織が行う知的生産活動の原材料として価値のあるもの」[1])と定義され，これを探索，入手，利用するための情報メディアをも含む概念として用いられている。

3．情報サービスにおける各種情報源の利用法

現代の図書館では，伝統的な冊子体のレファレンスブックの他に，オンラインデータベースやパッケージ型電子メディア（CD-ROMやDVD-ROM）が利用されるようになり，1990年代には，インターネット上で提供される情報も視野に入れた図書館サービスを展開することが求められるようになった。

このような状況を受けて，現代の図書館員は，個々の情報源の特性を十分に理解し，多様な情報源を駆使した情報サービスを提供することが重要になってきている。その際，各種のレファレンス資料（冊子体，オンラインデータベース，パッケージ型電子メディア，インターネット上の情報など）のどれを活用すればよいか，個々の情報要求に応じて適切に判断し，効率的かつ経済的な情報探索をすることが重要である。

情報探索をする際に，質問内容を分析し，「何について，どのような情報を求めているのか」という形式にあてはめてみると，質問内容を明確にとらえることができる。この時，「何」に相当するのが探索における「主題」であり，「ど

---

1) 海野敏「メディアの多様化とネットワーク情報資源」日本図書館学会研究委員会編『ネットワーク情報資源の可能性』（論集・図書館情報学研究の歩み　第15集）日外アソシエーツ　1996　p.8.

のような」に相当するのが「探索事項」である。「主題―探索事項」の組合せを手がかりにすることで，探索に役立つ情報源すなわち探索ツール（レファレンス資料）の種類を決める有益な示唆を得ることができる[1]。現在では，レファレンス資料は，冊子体のレファレンスブックだけでなく，データベースでも提供されているので，どのようなレファレンス資料を用いればよいか，適宜選択する必要がある。

長澤雅男は，情報探索の主題を「参考図書・データベース関係」，「言語・文字関係」，「事物・事象関係」，「歴史・日時関係」，「地理・地名関係」，「人物・団体関係」，「図書・叢書関係」，「新聞・雑誌関係」の8種類に区分し，各主題ごとに探索事項の観点（7種類）を提示し，それらに対応したレファレンスブックを示している[2]（7-1表参照）。

7-1表では，長澤は，「主題-探索事項」とレファレンスブックを対応させているが，この表は，「主題-探索事項」とレファレンス資料の種類を対応させたものとして理解できる。7-1表は，レファレンス資料の提供形態が多様化した今日においても，情報探索を行う際の情報源の基礎的な類型を示したものとして重要である。情報サービスにおける各種情報源の利用法については，本シリーズ第5巻『改訂 レファレンスサービス演習』において，情報探索のさまざまな類型に基づいて詳しく解説している。

本節では，各種情報源の利用法を理解するために，日本語の文献を対象とした上で，(1)図書情報の探索，(2)雑誌情報の探索，(3)新聞記事の探索の3点について解説する。さらに，(4)レファレンス事例集について紹介する。

(1) 図書情報の探索[3]

わが国で明治以降に出版された図書を網羅的に探索するには，従来は，帝国図書館や国立国会図書館が刊行した各種の蔵書目録を年代別に丹念に調査する

---

1) 図書館情報学ハンドブック編集委員会編：前掲書 p.675-676.
2) 長澤雅男：前掲書 p.177-179.
3) 大庭一郎「ネットワーク情報資源を活用した図書情報の探索」吉田政幸，山本順一共編『図書館情報学の創造的再構築』勉誠出版 2001 p.105-114.

7-1表　探索ツールとしてのレファレンスブックの選定

主　題	探　索　事　項	レファレンスブックの種類
レファレンスブック関係 辞書，事典，便覧，図鑑，年表，年鑑，人名録，地図帳等，書誌，目録，索引，抄録誌等 （例）『大言海』の	種類，編者名，書名，出版地，出版者名，出版年，内容，所在等 編纂者は誰か.	レファレンスブックの解題書誌，書誌の書誌，データベースの名鑑 『日本の参考図書解説総覧』
言語・文字関係 国語，漢字，難読語，外国語，古語，外来語，方言，俗語，略語，諺語，名句，用語等 （例）莫大小という言葉は	読み方・発音，書き方・綴字，意味，語源，同（反）義語，用法，用例，出典等 どう読むか.	国語辞典，漢和辞典，対訳辞書，難読語辞書，特殊辞書，名句・諺語辞書，用語索引 『難読辞書』
事物・事象関係 概念，事物，物件，事象，現象，各種作品，動物，植物，鉱物等 （例）百日紅の花は	名称，種類，内容，特徴，形状，色彩，規模，数量，方法，規程，機能，用途等 どんな色をしているか.	百科事典，各主題専門事典，ハンドブック，マニュアル，図鑑類 『原色日本植物図鑑』
歴史・日時関係 歴史的事件，最近の事件，各種分野の動向，年中行事，故実・伝承等 （例）レーム事件は	原因，結果，沿革，経過，影響，効果，起源，日付，時期，実態，現況等 いつのどんな事件か.	歴史事典，歴史便覧，歴史年表，一般年鑑，専門年鑑，統計年鑑，統計索引 『新編西洋史辞典』
地理・地名関係 地理，地誌，行政地名，集落名，歴史地名，自然地名，交通地名，地域地名等 （例）五十猛という地名は	地名の呼称，起源，由来，位置，距離，面積，規模，人文地理，自然地理等 どう読めばよいか.	地理事典，地域便覧，地域年鑑，地図帳，地名索引，地名事典，旅行案内書 『日本地名よみかた大辞典』
人物・団体関係 日本人，外国人，架空の人物，官公庁，事業体，学校，団体等の機関・施設等 （例）江戸時代の俳人舎羅の	氏名，生没年，経歴，住所，業績，続柄，肖像，団体機関の所在地，事業等 姓と別号が知りたい.	人名事典，人名索引，人物文献索引，難読姓名辞書，系譜事典，団体機関名鑑 『新潮日本人名辞典』
図書・叢書関係 和書，漢籍，洋書，叢書（その所収作品）等の新刊書・古書，全集，選集等 （例）丹敷浦考という作品は	種類，書誌データ，書誌的来歴，内容，入手情報，翻訳，所在，価格等 何に収載されているか.	一般書誌，解題書誌，書評索引，人物書誌，主題書誌，翻訳書誌，叢書合集索引，目録 『全集・叢書細目総覧』
新聞・雑誌関係 逐次刊行物，新聞，雑誌，紀要，会議録，会報，年報等 （例）『財政金融統計月報』は	種類，書誌データ，書誌的来歴，内容，収載記事，記事内容，所在など どこで所蔵しているか.	逐次刊行物リスト，新聞・雑誌所蔵目録・総合目録，新聞・雑誌記事索引，総目次等 『学術雑誌総合目録』

（出典：長澤雅男著：レファレンスサービス：図書館における情報サービス　丸善　1995　p.178
-179. および図書館情報学ハンドブック編集委員会編：図書館情報学ハンドブック　第2版　丸善　1999　p.676.）

必要があった。国立国会図書館が，1979年から1999年まで和書の書誌データの遡及入力を行った結果，明治から現代までの全期間の目録データが整備され，国立国会図書館の蔵書目録は，冊子体，オンラインデータベース（JAPAN MARC），パッケージ型電子メディア（CD-ROM 版の J-BISC や DVD-ROM）の3形態で利用できるようになった。さらに，国立国会図書館は，2002年10月1日から，「国立国会図書館蔵書検索・申込システム」（略称：NDL-OPAC）(http://opac.ndl.go.jp/index.html) の提供を開始した。NDL-OPAC では，2003年6月30日現在，明治以降の和図書約275万件を検索することができる。さらに，NDL-OPAC では，洋図書，和雑誌新聞，洋雑誌新聞，電子資料，古典籍，博士論文，地図，音楽録音・映像，雑誌記事索引，規格・テクニカルリポート類，点字図書・録音図書全国総合目録の検索も可能である。

　NDL-OPAC は，日本の図書情報を網羅的に探索する際に威力を発揮するが，新刊図書のデータベースへの登録に時間がかかるために，新刊図書の探索には適していない。そこで，新刊図書を探索する場合は，図書館流通センター（TRC）の Web ページ (http://www.trc.co.jp/) 上の「新刊書籍検索」（2003年12月19日現在，1980年以降に日本で出版された約100万件の図書が検索可能）や，紀伊國屋書店のオンライン書店である Kinokuniya BookWeb（略称：BookWeb）(http://bookweb.kinokuniya.co.jp/index.cgi) の「和書の検索（詳細検索）」（2003年12月22日現在，約185万件の図書が検索可能）などを活用するとよい。

　わが国で出版された市販図書の在庫情報を探索するには，従来は，冊子体の『日本書籍総目録』（日本書籍出版協会）を調査する必要があった。しかし，現在では，『日本書籍総目録』は CD-ROM 版（年刊）とインターネット上の Books (http://www.books.or.jp/) で提供されており，冊子体よりも多様な検索が可能になっている。Books は，2004年1月まで，毎月中旬に新刊情報が更新されていたが，2004年2月からは新刊情報の毎日更新が実現した。

　わが国の図書館では，従来，大規模な総合目録が整備されてこなかったが，大学図書館の洋書を対象とした総合目録は，『新収洋書総合目録　1954-83』（国立国会図書館）と『新収洋書総合目録　1984-87』（紀伊國屋書店）として刊行

されていた。1987年以前に日本の大学図書館が受け入れた洋書を探索する場合には，『新収洋書総合目録』は，現在でも利用する必要のある探索手段である。学術情報センター（現在，国立情報学研究所）の目録・所在情報サービスNACSIS-CAT（1984-）の運用開始によって，『新収洋書総合目録』は，主なその役割を終えた。NACSIS-CATは，オンライン共同分担目録方式により総合目録データベース（図書・雑誌）を形成するシステムである。1984年以降，日本の大学図書館は，NACSIS-CATに参加し，総合目録を構築するようになった。

NACSIS-CATのデータは，NACSIS-IRの目録所在情報データベースBCAT（図書）とSCAT（雑誌）として提供されている。さらに，学術情報センターは，1997年4月1日から「総合目録データベースWWW検索サービス」（略称：NACSIS Webcat）（http://webcat.nii.ac.jp/）の試行サービスを始め，1998年4月1日から本運用を開始した。NACSIS Webcatは，日本の大学図書館等が所蔵する図書・雑誌の総合目録データベースをWeb上で検索できるシステムである。

NACSIS Webcatの目録・所在情報は，NACSIS-CATやNACSIS-IR（BCAT（図書）・SCAT（雑誌））に対応している。図書の目録・所蔵情報は，学術情報センターのNACSIS-CAT運用開始後に，大学図書館等で入力された目録・所蔵情報が中心である。1984年以前の図書の目録データについては，各機関で遡及入力作業が進められているが，すべての参加機関の全蔵書が登録されているわけではないことに注意する必要がある。

わが国をはじめとする世界各国の図書検索システムについては，実践女子大学図書館のWebページ上のリンク集「図書・雑誌探索ページ」（http://www.jissen.ac.jp/library/frame/index.htm）から参照することができる[1]。

（2）雑誌情報の探索[2]

日本で現在刊行されている雑誌・新聞を探索するには，『雑誌新聞総かたろぐ』

---

1) 伊藤民雄著，実践女子大学図書館編：インターネットで文献探索　2003年版　日本図書館協会　2003　p.i.
2) 大庭一郎「第10章　CD-ROMを用いた情報探索」山本順一編著『レファレンスサービス演習』（新図書館情報学シリーズ　6）理想社　1999　p.187.

（メディア・リサーチ・センター）が利用できる。

　雑誌の所蔵状況を探索する場合は，大規模な雑誌のコレクションをもつ，①国立国会図書館，②大学図書館，③独立行政法人科学技術振興機構（JST），の所蔵状況を確認する必要がある。①の国立国会図書館の雑誌の所蔵状況は，以前は，冊子体の『国立国会図書館所蔵国内逐次刊行物目録』やCD-ROM版の『NDL CD-ROM Line 国立国会図書館所蔵逐次刊行物目録』で探索した。現在は，NDL-OPACから雑誌の所蔵状況を検索することができる。②の大学図書館における雑誌の所蔵状況については，NACSIS Webcatから検索することができる。

　NACSIS Webcatの雑誌の目録・所蔵情報は，冊子体の『学術雑誌総合目録』（1953年から2001年まで継続的に刊行）のデータを継承しており，日本の大学図書館の雑誌の目録・所蔵情報をほぼ完全に網羅している。③の独立行政法人科学技術振興機構（JST）の雑誌の所蔵状況は，以前は，『科学技術振興機構資料所蔵目録』（冊子体とCD-ROM版）で探索したが，現在では，「JST資料所蔵目録WEB検索」（http://opac.jst.go.jp/syomoku/）から検索することができる。

　わが国の雑誌記事を探索する場合は，①学術雑誌，②一般雑誌，③短期大学の紀要類，の三つの観点から調査する必要がある。①の学術雑誌に掲載された論文や記事の書誌情報（著者名，論文名，誌名，巻号，出版年，ページ）を網羅的に調べるためには，従来は，国立国会図書館が刊行した『雑誌記事索引』（「人文・社会編」と「科学技術編」）や「人文・社会編」の「累積索引版」を年代別に丹念に調査する必要があった。

　現在，『雑誌記事索引』はデータベース化されており，オンラインデータベースやパッケージ型電子メディア（CD-ROM版とDVD-ROM版）で利用できる。さらに，2002年10月1日から，NDL-OPACを通じて，「雑誌記事索引」が検索できるようになった。NDL-OPACでは，2003年6月30日現在，約577万件の雑誌記事を検索することができる。②の一般雑誌に掲載された雑誌記事を調べるためには，冊子体の『大宅壮一文庫雑誌記事索引総目録』とCD-ROM版（1988－）を探索する必要がある。2002年7月から，「大宅壮一文庫雑誌記事索引検索

Web 版」(http://www.oya-bunko.com/) が，教育機関を対象として，年間契約（有料）のサービスを開始している。③の短期大学の紀要類に掲載された論文を調べるためには，冊子体の『全国短期大学紀要論文索引　1950-1979』（埼玉福祉会），『全国短期大学紀要論文索引　1980-1984』（日本図書センター），『全国短期大学紀要論文索引　1985年版-』（日本図書センター）を年代別に丹念に調査する必要がある。

（3）　新聞記事の探索[1]

　わが国では，冊子体の新聞記事索引が未発達であったために，オンラインデータベースやパッケージ型電子メディア（CD-ROM 版）が開発されるまでは，あるテーマについて新聞記事を調べる場合，膨大な時間と手間をかけて，冊子体の縮刷版の索引を月別に丹念に調査しなければならなかった。しかし，現在では，全文データベースの検索システムとして，新聞記事と索引をオンラインデータベースや CD-ROM の形態で利用できるようになった。

　ここでは，朝日新聞を例として，新聞記事の探索方法を説明する。冊子体の『朝日新聞記事総覧』（日本図書センター）は，朝日新聞縮刷版の各月巻頭の索引を収録したもので，「大正前期編」，「大正編」，「昭和編」，「平成編」が刊行されている。CD-ROM 版の『朝日新聞戦後見出しデータベース　1945-1999』では，1945年から1999年までの朝日新聞縮刷版　55年分の索引見出し約340万件を検索することができる。朝日新聞の CD-ROM 版の全文データベースとしては，CD-HIASK（1985年以降）を利用することが可能である。このほかに，朝日新聞に関連した CD-ROM として，『朝日新聞戦前紙面データベース　昭和元年-9年編』，『朝日新聞戦前紙面データベース　昭和10年-20年編』，『朝日新聞号外　1879-1998』が発売されている。朝日新聞オンライン記事データベース「聞蔵（きくぞう）DNA for Libraries」は，大学・学校・公共図書館向けのオンライン記事データベースで，インターネット経由で利用できる（有料）。「聞蔵（き

1）　大庭一郎：前掲書　1999　p.188.

くぞう）DNA for Libraries」では，本紙（東京本社発行の最終版）（1984年8月－），地方版（1988年6月－），AERA（1988年5月－；創刊号から），週刊朝日（2000年4月－；ニュース面のみ）を検索することができる。なお，朝日新聞の最新記事の一部分については，朝日新聞社インターネット版「アサヒ・コム」（asahi.com）（http://www.asahi.com/home.html）を通じて，無料で閲覧・検索できる。

（4） レファレンス事例集

情報サービスにおける各種情報源の利用法については，さまざまな図書館のレファレンス事例集から学習することができる。レファレンス事例集は，従来は，小冊子や定期刊行物の形態でまとめられることが多かったが，最近では，図書館のWebページ上で公開されることが多くなってきた。図書館のWebページ上で公開されているレファレンス事例集には，次のようなものがある。

- レファレンス事例DBシステム（九州地区大学図書館協議会）
  (http://web.lib.kumamoto-u.ac.jp/ref/)
- レファレンス事例集（私立大学図書館協会東海地区協議会）
  (http://www.jaspul.org/w-kyogikai/tokai/misc/refdb/index.html)
- レファレンスデータベース（秋田県立図書館）
  (http://www.apl.pref.akita.jp/ref_db/start.php)
- レファレンス事例集（千葉県立西部図書館）
  (http://www7.ocn.ne.jp/~cseibulk/reference.html)
- レファレンス事例紹介（東京都立図書館）
  (http://www.library.metro.tokyo.jp/16/16500.html)
- レファレンス事例データベース（岐阜県立図書館）
  (http://www.library.pref.gifu.jp/sanko/sanko.htm)
- レファレンス事例集（市川市中央図書館）
  (http://www.city.ichikawa.chiba.jp/shisetsu/tosyo/ref/reftop.htm)

これらのレファレンス事例集には，各図書館に寄せられたレファレンス質問

とその回答が掲載されており，情報サービスの実務の一端を垣間(かいま)見ることができる。

4．情報サービスにおける各種情報源の最新動向を学ぶために

　現在，コンピュータを用いた情報処理技術は急速に進歩しており，それに伴って，新しい情報機器や情報メディアの開発が進められている。このような状況を受けて，図書館の情報サービスで使われる各種の情報源には，新しい情報メディアとそれを利用するための情報機器類が加わっていくことが予想される。本章では，情報サービスにおける各種情報源の特徴や利用法について，基礎的な事柄を記してきた。しかし，最新の情報サービスを展開するためには，各種情報源の最新動向を常に把握しておくことが必要である。各種の情報源の最新動向は，図書館情報学分野の専門雑誌を定期的にブラウジングすることによって知ることができる。専門雑誌のブラウジングは，図書館の情報サービス全般の最新動向を把握する上でも有効である。図書館情報学の専門雑誌には，次のようなものがある。

- 『医学図書館』（日本医学図書館協会）（季刊）
- 『オンライン検索』（日本端末研究会関東地区部会）（季刊）
- 『学校図書館』（全国学校図書館協議会）（月刊）
- 『学校図書館学研究』（日本学校図書館学会）（年刊）
- 『カレントアウェアネス』（国立国会図書館）（季刊）
- 『季刊・本とコンピュータ』（トランスアート）（季刊）
- 『現代の図書館』（日本図書館協会）（季刊）
- 『国立国会図書館月報』（国立国会図書館）（月刊）
- 『情報管理』（科学技術振興機構情報事業本部）（月刊）
- 『情報の科学と技術』（情報科学技術協会）（月刊）
- 『専門図書館』（専門図書館協議会）（隔月刊）
- 『大学図書館研究』（学術文献普及会）（年3回刊）

- 『図書館界』（日本図書館研究会）（隔月刊）
- 『図書館雑誌』（日本図書館協会）（月刊）
- 『日本図書館情報学会誌』（日本図書館情報学会）（季刊）
- 『みんなの図書館』（図書館問題研究会）（月刊）
- 『薬学図書館』（日本薬学図書館協議会）（季刊）
- 『*Library and Information Science*』（三田図書館・情報学会）（半年刊）

これらの専門雑誌を定期的にブラウジングし，情報サービスに関する最新動向を学んでもらいたい。

参 考 文 献
(出版年の逆順)

『インターネットで文献探索』伊藤民雄著　実践女子大学図書館編　2004年版　日本図書館協会　2004．

『情報源としてのレファレンスブックス』長澤雅男，石黒祐子共著　新版　日本図書館協会　2004．

『インターネット時代の学校図書館：司書・司書教諭のための「情報」入門』堀川照代　中村百合子編著　東京電機大学出版局　2003．

『情報サービス論』大串夏身編著　改定版　理想社　2003．(新図書館情報学シリーズ)

『図書館情報サービス論』金沢みどり著　勉誠出版　2003．(図書館情報学の基礎)

『「リーディングズ」情報社会』公文俊平編　NTT出版　2003．

『図書館情報学用語辞典』日本図書館情報学会用語辞典編集委員会編　第2版　丸善　2002．

『探す力：インターネット検索の新発想』原野守弘著　ソフトバンクパブリッシング　2001．

『図書館情報学ハンドブック』図書館情報学ハンドブック編集委員会編　第2版　丸善　1999．

『情報検索の理論と技術』岸田和明著　勁草書房　1998．(図書館・情報学シリーズ)

『情報サービス概説』渋谷嘉彦［ほか］共著　樹村房　1998．(新・図書館学シリーズ)

『情報サービス概説』田村俊作編著　東京書籍　1998．(新現代図書館学講座)

『情報検索の基礎』情報科学技術協会編　第2版　日外アソシエーツ　1997．

『レファレンスサービス：図書館における情報サービス』長澤雅男著　丸善　1995．

『情報と文献の探索』長澤雅男著　第3版　丸善　1994．

『レファレンスサービスの発達』S.ローススティーン著　長澤雅男監訳　日本図書館協会　1979．

［資料Ⅰ］　　情報消費者のための情報サービス：
　　　　　　情報提供者のためのガイドライン
(Information Services for Information Consumers : Guidelines for Providers)

序文：
　すべての図書館は，それぞれのコミュニティの所属メンバーが教育的，娯楽的，個人的，経済的向上を試みるのを援助するために，情報サービスを提供するという固有の義務をもっている。ここにいう情報サービスは，利用者（潜在的利用者を含む）に提供される人的援助である。その特徴は個々の利用者，特別の利用者グループ，あるいは潜在利用者と情報提供スタッフとの間で交わされる高度な相互作用という形で表わされる。図書館における情報サービスの形態にはさまざまあり，たとえば，直接的・人的援助のほか，各種ディレクトリや掲示板の提示，レファレンス資料から抜粋した情報の交換，読者指導，利用者のニーズや関心を予測した情報提供，そして通信技術やソフトウェアを介した情報システムへの直接的アクセスの提供などが含まれる。

　　　［解　説］
　　アメリカ図書館協会(ALA)レファレンス・成人サービス部会は，1970年代になって，まったく新しい精巧な情報検索システムの出現によって，従来のレファレンス・情報サービスに関する確立された概念や方法の再考を余儀なくされた。その認識から，1976年(1979年改訂)に，「A Commitment to Information Services : Developmental Guidelines」というガイドラインを採択した。そこでは，サービスの範囲を，A.情報を求める利用者に提供される人的援助から成るレファレンスあるいは情報サービス，B.図書館あるいは情報センター，およびその資源を利用する際の公式および非公式の利用指導，C.間接的レファレンスサービスとして，1.サービス，2.資源，3.環境，4.職員，5.評価，6.サービスの倫理的規範，という6項目に関して，それぞれ具体的な発展的指針を記述している。その後，同部会は1990年に，すべての図書館は，それぞれのコミュニティの構成員の教育，レクリエーション，個人的，および経済的活動を支援するために，より積極的な情報サービスを提供する責務があるとして，新たなガイドラインを採択した。ここにその全文を紹介する。

図書館は，コミュニティの最大の情報資源を唯一，集中的に所蔵・組織化している機関であるので，コミュニティにとって最適の情報サービスを開発するとともに，アメリカ図書館協会の「図書館の権利宣言」を擁護しなければならない。これらのサービスは，コミュニティの構成員の情報の要求行動や情報のニーズ，そして彼らがどのようなサービスを期待しているかを十分に考慮して実施されなければならない。利用者のニーズに最適な方法で情報を提供することこそ，図書館が行うあらゆる活動の中で究極的な試み(テスト)なのである。この精神のもと，ここに掲げるガイドラインは，情報サービス提供の責任を分かち合うすべての人々，すなわち図書館のタイプを問わず，その理事，管理経営者，教育者，監督責任者，部課長，そして情報担当スタッフを含んだ人々に向けられている。

以下に掲げるガイドラインは，実務の成文化よりもむしろ，意図して，サービス目標を記述した声明文（ステートメント）のかたちをとっている。このガイドラインを目標として打ち立てた理由は二つある。一つは，この声明文が図書館の職業と図書館がサービスを提供する人々にとって永く役立つことができること，二つ目は，情報サービス提供者と管理者に対して努力目標を示唆することである。

このガイドラインはあらゆるタイプの図書館のニーズに応えんとしているため，ある特定の図書館や特殊なタイプの図書館にとってガイドラインに書かれた声明文のすべてが必ずしも適合するとはかぎらない。したがって，ガイドラインを適用する際には，図書館の管理経営者や情報サービス・スタッフはこれらの声明文をそれぞれの図書館の特徴，使命，そしてサービス・コミュニティに適合したかたちで強調し，そこに明記された目標を理解して実現するよう努力する必要がある。

このガイドラインは，以下の観点から情報サービスを明記する。

    1．サービス
    2．情報源
    3．アクセス
    4．職員
    5．評価
    6．倫理的規範

1. サービス

1.1. 情報サービスの目標は最終成果をもたらすこと，すなわち利用者の求めている情報を提供すること，である。情報サービスは利用者のニーズに応えるのみならず，ニーズを予測しなければならない。利用者が個々の情報ニーズを満たしうる情報源の存在が可能なことを認識するように促すことも必要である。

1.2. 図書館は自館とサービス・コミュニティの目標に合った指向的，博識的，調査研究的なサービスを発展させなければならない。

1.3. 図書館は利用者の質問内容の複雑性に関係なく，完璧で正確な回答を提供しなければならない。

1.4. 図書館は，利用者の関心とニーズに則したコレクションの中でさまざまな項目が確認できるように，印刷体や他の手段で利用案内を提供する必要がある。利用案内には図書館の開館時間，サービス内容，平面図，そして個々の建物に関する必要事項を織り込んだり，特別資料の利用や特殊な主題分野の調査研究の援助を提案することもできる。

1.5. 図書館は自館の情報源を効果的に利用するための指導を提供するべきである。そのような指導には，情報源について個別に説明したり，適切な方法で利用案内を作ったりすることから，グループ説明会や図書館の案内ツアーを通して情報探索に関するガイダンスや指示を行う形式的な援助まである。

1.6. 図書館は，自館が提供する情報サービスの範囲，性質，利用価値の宣伝を活発に行うべきである。それはすべての利用者を対象に行うか，あるいは選択された利用者グループを対象に行うかによって，それぞれに最も効果的な手段を採り入れなければならない。

1.7. 図書館はコミュニティの情報ニーズを調査して評価するとともに，既存の出版物では情報のニーズが満たされない場合，自館で地域に合った情報製品をつくるべきである。

1.8. 図書館は，市町村，地域，州レベルの機関の情報やサービスにアクセスできるように情報・紹介ファイルを収集・構築して，コミュニティに提供することが必要である。

1.9. すでにわかっている利用者の関心やニーズに基づいて，図書館はたとえ

それらの情報の要求が明白に提示されなくても，利用者に提供するように心がけなければならない。

1.10. 情報がそのままのかたちで役に立たない場合は，図書館はその情報に付加価値を付けることが必要である。それは単に情報を区分け分類してパッケージにすることから，図書館の利用者の目的に応じて情報を評価・分析することまである。

1.11. 図書館の建物は情報サービスにとって境界壁となってはいけない。コミュニティの情報ニーズを満たすために図書館外のデータベース，各種機関，さまざまなサービスを確認して利用することが大切である。

1.12. 図書館は各種のコンソーシアムやネットワークに参画して，自館内で供給できない情報へアクセスを広げることが必要である。

1.13. 利用者の要求する情報を自館内で供給できない場合は，図書館は利用者自身かあるいは利用者の質問を適当な機関や専門家または探している情報を持っている図書館に紹介するべきである。利用者を紹介する際には，図書館の情報サービス担当者は事前に該当する機関や専門家あるいは図書館に連絡をとって，求めている情報が確実に利用者に提供されることを確かめておくことが必要である。質問を他の機関に照会する場合は，照会する図書館はすべての市町村，地域，州，あるいは国家が実践している慣習，たとえば「情報申込み用紙」といったような規定された伝達書式の選択や伝達手段などの決まりに従うべきである。

1.14. 館外の情報システムが館内の資料よりもっと効果的にまた効率的にニーズを満たし得る場合は，図書館はそれらの情報システムにアクセスを取り付けて利用すべきである。

1.15. 図書館は，コミュニティのすべての人々に情報サービスを提供するために努力していることを明確にした文書（ステートメント）で公表すべきである。

2. 情 報 源

2.1. 図書館は，自館の使命に合ってしかもサービス対象者全域の関心を反映した情報源を構築したり，その情報源へのアクセスを提供すべきである。これらの情報源は，内容，普及度，形態，構成，数量を通して利用

者の多様なニーズを満たさなければならない。

2.2. 図書館は，その親機関あるいはコミュニティの目的に合った情報コレクションとアクセス拡大の方針を開発しなければならない。

2.3. 必要に応じて，情報サービス担当者はレファレンス・コレクションのみにとどまらず，図書館内のすべての資料を利用しなければならない。利用者が要求する情報を供給するためには，さらに，館内のコレクションや専門知識や技術の枠を越えて館外の個々の専門家に相談したり，情報の収集と提供を行っている他の機関の資料に接触したり，また媒材に関係なく外部の情報源を開発したりする必要がある。

2.4. 図書館は情報の正確性を保証するために，最新のレファレンス資料へのアクセスを提供すべきである。

2.5. 図書館は利用者のニーズを予測して，自館内の情報源では十分に応えられない時に連絡をとったり利用者を照会することができる外部の情報システムや機関，あるいは個々の専門家を確実に把握しておくことが必要である。

2.6. 図書館は，専門的基準と利用者のニーズに基づいて自館のコレクションにある個々の資料を評価しなければならない。資料（源）はまた，館内の印刷体資料と非印刷体資料さらに接続可能な外部資料を包含した統合情報システムとして評価されるべきである。

3. アクセス

3.1. 図書館は統一性のある計画に基づいて，利用者が即時利用できることを考慮に入れた情報サービスを整備しなければならない。情報サービスを行う場所は，職員，資料コレクション，コレクションに含まれるさまざまな形態の資料を利用するための機器，情報通信手段と機具，そしてサービスを求めている利用者のすべてを収容するに十分な広さが確保されていなければならない。

3.2. 図書館は，さまざまなサービスを明白に表示し，また求めている情報を見つけるための援助を利用者が受けることができる場所を明確に案内した掲示板を用意すべきである。

3.3. 情報サービスのための部屋は，容易に目に付き，利用者が躊躇なく利用

できる場所でなければならない。
3.4. 図書館は,利用者が図書館内外の情報源にアクセスできるための最新技術を使った通信手段を整備すべきである。
3.5. 図書館は,障害者を含めたすべての利用者のニーズに応え得るように,さまざまなサービス基点(ポイント)を計画すべきである。
3.6. 図書館は,職員と利用者が近隣あるいは遠隔地の情報源に自由にまた効率的に照会できるように,順調に機能する情報機器を十分な数だけ整備することが必要である。
3.7. 情報サービスの運営時間は,コミュニティのニーズと行動形態を見据え,更に図書館の財源と人材の状況を考慮して決定されなければならない。
3.8. 情報サービスの運営時間中,コミュニティの情報のニーズに最善の方法で十分対処できる資格をもった職員が配属されることが必要である。

4. 職　　員

4.1. 図書館はコミュニティの期待に応え,さらにそれを予測し得る情報サービスが提供できる職員を配属すべきである。
4.2. 情報サービス担当者は,図書館の利用者の年齢,性別,人種,障害,性的趣向,英語能力に関係なく,すべての人々と気軽にまた効果的に意思伝達(コミュニケート)できなければならない。
4.3. 情報サービス担当者は,図書館のサービス対象者である利用者の情報要求に適切に応えることができる知識と用意周到な能力をそなえていなければならない。サービスを遂行する上での職員の責務は,情報源を十分に使いこなす能力,情報の保存と抽出する技術,情報通信を駆使する方法,そして人と人との間のコミュニケーション・スキルに徹底的に精通していることである。
4.4. 情報サービス担当者の継続的教育は専門性を向上させるための基礎である。継続教育を追求することは個々の職員の責務であり,また継続教育に努力している職員を援助したり,可能ならば継続教育プログラムを企画提供することは雇用機関の義務である。

5. 評　　価

5.1. 図書館は定期的に,自館の情報サービスが親機関の目標を促進している

か，あるいはその目標がサービスを受けているコミュニティのニーズと関心に反映しているかを確認するために，自己評価をしなければならない。評価の結果は，より良質のサービスを行うための最適な情報源の配置を決定する時に利用されるべきである。

5.2. 情報サービスの総合的評価過程において，図書館は職員とコミュニティの全体像を統合しなければならない。

5.3. 資料は，コミュニティの情報ニーズを満たすために貢献しているか否かの点で評価されるべきである。

5.4. 情報サービスを評価する場合，図書館はそれらのサービスを利用しているコミュニティにとって最も重要な要素を強調しなければならない。その要素には，回答に要する時間，サービスを利用する困難度（アクセスの物理的要素，地理的な便利性，サービス時間の便利度など），教育プログラムの価値と効力，レフェラル(情報紹介)サービスの効果性，サービス対象人口の中のさまざまなグループに対するサービスの有効性，コミュニティのニーズを予測することの有効性などが含まれる。

5.5. 図書館は，類似機関と比較するデーターを算出する技術と測定方法を採用し，また，現存する全国基準や，できれば地域のニーズに則して修正された一般的標準に照らしながら，評価調査を行うべきである。

5.6. 図書館は，評価に使う統計を集めるべきである。これらの統計は，情報サービス業務の入力測定数（インプット）（書籍の数，職員の配置時間，オンライン接続時間など）と算出測定数（アウトプット）（回答した質問の数，利用した書物の数，ダウンロードした文献の数など）の両方を基盤にしなければならない。

5.7. 図書館は，評価者と被評価者との間であらかじめ同意された公認の職員評価技術と方法で，個々の情報サービス担当者の業務成績と一定期間ごとの総合的実績に対して評価を行うべきである。

6. 倫理的規範

6.1. アメリカ図書館協会の倫理綱領*（*ALA Handbook of Organization* のALA政策マニュアルに記述）は，情報サービスを提供するすべての職員の行動を規定している。

（*：この綱領は次頁に示す）　　　　　　　　　（京藤 松子 訳）

〔ALA〕職業倫理に関する声明

〔1981年6月30日　アメリカ図書館協会採択〕

はじめに

　1939年以来,アメリカ図書館協会は図書館員の生きた指針となる原則の条文化と,社会および図書館員への周知との重要性を認識して来た。ここにかかげる倫理綱領最新版は,図書館員という職業の性質上の変化と,社会的および制度的環境の変化とを反映している。これは必要に応じて改訂され増補されるべきである。

　図書館員は,情報の選択,組織,保存および普及に深くかかわり,またはそれらを制御する。知る権利を持つ市民（an informed citizenry）を基礎とする政治組織においては,図書館員は,知的自由と情報入手の自由とに顕著にかかわる職業集団のメンバーである。われわれは,情報と思考との自由な流れを保証するという特別な義務を,現在および将来の世代に対して負っているのである。

　図書館員は,情報サービスの提供を可能にする書誌的資料の蓄積について互いに依存し合っており,個人的誠実さと能力との最高水準を維持するという義務を負っている。

〔ALA図書館員の〕倫理綱領

I　図書館員は,適切かつ有効に組織された資料群,正当かつ公平な貸出しと図書館奉仕の方針,および援助を求めるすべての要求に対する熟練した,正確で,かたよらず,しかも親切な対応を通して,最高水準の図書館奉仕を提供しなければならない。

II　図書館員は,図書館資料に干渉するグループあるいは個人のすべての活動に抵抗しなければならない。

III　図書館員は,利用者が探索または入手する情報や,参照したり借出したり取得したりする資料について,ひとりひとりの利用者が持つプライバシーの権利を守らなければならない。

IV　図書館員は,同僚間の関係や個人の行動において,守るべき手順と機会均等の原則とに従わなければならない。

V　図書館員は,彼らの行動や主張において,個人としての考え方や態度と,勤務先または図書館団体のそれとを,はっきりと区別しなければならない。

VI　図書館員は,図書館の利用者や同僚または雇傭機関の費用によって,個人的または金銭的利益がもたらされるような状況を避けなければならない。

(竹内　悊　訳)

（注）この倫理綱領においては,各条文はすべてLibrariansと複数で始まっている。しかしながら,訳文においては日本語の習慣と格調に従って,「図書館員」とした＝訳者注

[資料Ⅱ]

参考事務規程

(日本図書館協会公共図書館部会参考事務分科会　昭和36年)

(目　的)

1. この規程は公共図書館における参考事務の処理について、その正確と迅速を期することを目的とする。

(定　義)

2. この規程において参考事務とは次のことをいう。

    a　回答事務：図書館に寄せられた質問・相談に接し、図書館の資料と機能を活用して質問者に援助を与えること。

    b　参考資料の整備：質問の予想される主題に関し、必要な資料を整備・作成すること。

(回答事務の原則)

3. 回答事務は資料を提供することを原則とする。
4. 前条の規程にかかわらず、軽微な質問であって、資料の裏づけのあるものに限って解答を与えてもよい。
5. 自館で資料を発見出来ない場合には、適当な他の図書館または専門機関専門家への紹介または照会をはかる。
6. 3条から5条までの範囲を越える便宜または利益の供与はしない。

[解説]

　昭和33(1958)年に、日本図書館協会公共図書館部会の中に設立された参考事務分科会は、参考事務の標準的な事務規程の作成に取り組み、昭和36(1961)年にこの規程を完成し、翌年に「同規程解説」を発表した。本書では、第2章でこの規程が作成された経緯について、また、第6章で規程の構成について解説している。その後のサービスの拡張から、現状のサービスにそのまま適用できない部分もあるが、レファレンスサービスの基本を理解するのに、現在でも有効であると判断して、ここに規程の全文を紹介することとした。

(回答の制限)

7. 他人の生命・名誉・財産等に損害を与え，または社会に直接悪影響をおよぼすと見られる問題は受け付けない。
8. 次の各号に該当する質問には解答を与えてはならないと共に資料の提供も慎重でなければならない。ただし問題によっては専門機関・専門家を紹介する。
    a 医療・健康相談
    b 法律相談
    c 身上相談
    d 仮定または将来の予想に属する問題
9. 次の各号に該当する質問には解答を与えない。
    a 学校の宿題
    b 懸賞問題

(担任者と分掌事務)

10. 参考事務を行うためその担任者を定める。
11. 参考事務担任者の分掌事務は次の通りである。
    a 回答事務
    b 参考資料の整備
    c 回答事務の記録・統計
    d 参考事務の調査・企画・渉外
    e 参考室の整備・管理
    f その他参考事務の運営改善に必要な事項

(回答事務)

12. 回答は口頭・電話・文書によって行う。
13. 質問の受付・回答は原則として，参考事務担任者がこれに当たる。ただし，他の職員であっても，その質問事項に特に詳しいものがあれば，その意見を求め，場合によっては回答を依頼する。
14. 次の各号については，その旨を質問者に報告し，その取り扱いについて

質問者と協議する。

　　　a　多大の労力・時間を要する調査，文献目録の作成，資料の抜すいなど

　　　b　電話・文書によっては，誤りを生じやすく回答し難い質問

15. 5条に規程する質問については，その原因を検討し，改善に努める。

(参考資料の整備)

16. 次にかかげるものは，参考事務の資料として常に収集・整備を計らねばならない。

　　　a　参考図書

　　　b　パンフレット類・リーフレット類

　　　c　自館で作成する書誌・索引・名簿類

　　　d　専門機関および専門家のリスト

　　　e　その他参考事務に有用な資料

(記　録)

17. 受け付けた質問は解決の成否にかかわらず質問事項・提供資料などを記録する。

18. 次の場合は資料捜索の経緯，処理過程，その他参考となる事項を詳細に記入する。

　　　a　調査が複雑困難であった問題

　　　b　資料捜索の参考となる問題

　　　c　未解決問題

(統計・調査)

19. 事務報告のための統計は17条の記録にもとづいて作成する。

20. 参考事務の改善のため，随時，次のような項目について利用調査を行う。

　　　a　質問者（職業・年齢・性別・地域など）

　　　b　質問の傾向

　　　c　質問の動機

　　　d　利用された資料

e　参考事務に関する利用者の知識および理解

　　　f　その他

（読書相談）

21. 読書相談は参考事務の一部として取り扱う。

（研　修）

22. 参考事務の改善・実務・知識の向上をはかるため，次のような項目について，館内研究会を行う。

　　　a　回答事務

　　　b　参考資料の収集・整備

　　　c　新刊資料の内容

　　　d　記録統計および利用調査

　　　e　参考事務文献の研究

　　　f　参考事務の運営全般に関する事項

　　　g　その他

23. 館内研究会のほか，他館参考事務の見学，研究集会・講演会などへの出席その他適当な研修を行う。

さくいん

あ

IT革命 18
アウトリーチ計画 24
案内指示的なレファレンスブック 138
案内質問 52
案内紹介サービス 24, 55

い

e-JAPAN戦略 8
1対1の利用教育 58
一般図書コレクション 99
インターネット 144
インターネット上の情報の評価基準項目 146
インフォメーションファイル 100
インフォメーションブローカー 82

う, え, お

Webブラウザ 144
エンドユーザー 82
オンディスク検索 143
オンライン閲覧目録 83
オンライン検索の短所 142
オンライン検索の長所 140

か

回答の制限 130
学期末レポートカウンセリング 56
学校図書館 66
カレントアウェアネスサービス 4, 57
環境の整備 60
間接的サービス 59

く, け

クイックレファレンス 52
グループ対象の利用教育 59
検索過程 79
研修 97

こ

公共図書館 64
『公立図書館の設置及び運営上の望ましい基準』 34
公立図書館の任務と目標 34
コンピュータ検索 71, 140
コンピュータ検索の短所 142
コンピュータ検索の長所 140

さ

サーチエンジン 145
再現率 80
索引 139
索引語 75
雑誌情報の探索 152
参考業務 4
参考質問 119
参考事務 29
参考事務規程 32, 167
参考事務分科会 32

し

CD-ROM検索システム 143
自館ファイル 100
資質 96
事実（ファクト）検索 70
事実解説的なレファレンスブック 138
シソーラス 77
質問回答（サービス） 51
質問内容の分析と解釈 123
質問内容の明確化 121
『市民の図書館』 33
「自由」あるいは「最大」アプローチ 26
主題別部門化 22
情報 9, 11
情報源 47, 136
情報検索 67, 74
情報検索システム 74
情報検索システム導入状況 84
情報検索の種類 68
情報源選択に対する継続的援助 55
情報源の構築 62

情報源の利用法　148
情報サービス　3
情報サービスの組織　86
情報サービスの発案・実現　107
情報サービスの評価　106
情報サービスを構成する要素　45
情報資源　98
情報サービスの運用　105
情報資源の収集　102
情報資源の種類　99
情報社会論　6
情報探索行動　113
情報提供　51
情報要求の構造　116
商用データベース　82, 83
書誌　139
書誌情報検索　69
書誌情報データベース　69
書誌情報の確認　53
人的援助　15, 18
人的資源　101
新聞記事データベース　69
新聞記事の探索　154

せ，そ

精度　80
選択的情報サービス　57
選定ツール　102
選定方法　103
全文(フルテキスト)検索　69
全文データベース　69

専門図書館　23, 65
相互協力　63
即答質問　52

た

大学図書館　65
代行検索者　83
対面インタビュー　134
探索質問　52
探索方針　127

ち

逐次刊行物コレクション　100
蓄積過程　74
知識　114
『中小レポート』　33
チュートリアル　62
「中庸」あるいは「中間」アプローチ　27
調査質問　53
直接的サービス　50

て

ディスクリプタ　77
ディストリビューター　82
データベース　140
電子的インタビュー　134

と

統計データベース　70
統制語彙　75
ドキュメントデリバリー　53

読書相談サービス　22, 56
図書館サービス　2
図書館情報学の専門雑誌　156
図書館職員　95
図書館相互貸借　53
図書館の組織図　88〜95
図書館奉仕　1
図書情報の探索　149

に，ね

『2005年の図書館像 地域電子図書館の実現に向けて』　41
ニューメディア　7
ネットワーク資源　101
ネットワーク情報資源　148
ネットワークの形成　63

は行

パスファインダー　58
パッケージ型電子メディア　140
非統制語彙　75
ファクト検索　70
物性データベース　70
物的資源　98
フルテキスト検索　69
プロデューサー　82
文献送付サービス　53
『米国教育使節団報告書』　31, 32, 35
「保守」あるいは「最小」

さくいん　　　　　　　　　173

アプローチ　25

ま行

マニュアル検索　71, 139
マルチメディア　7
三つのアプローチ　25
メイリングリスト　101
目録　139

り，れ

利用教育　57
レディレファレンス　52
レファレンスインタビュー　131
レファレンス記録資料　100
レファレンスコレクション　61, 98
レファレンスサービス　4, 15
レファレンスサービスの識別規準　16
レファレンスサービスの将来　42
レファレンスシステム　111
レファレンス質問　119
レファレンス質問の受付　119
レファレンス質問の回答　128
レファレンス情報源　136
レファレンス資料　136
レファレンス事例集　155
レファレンスブック　137
レファレンスプロセス　110
レファレンスプロセスのモデル　112
レファレンスワーク　15
レファレンスワークの阻害要因　38
レフェラルサービス　4, 54

欧文さくいん

A aid to readers　12, 20
assistance to readers　20
B bibliographic verification　53
bibliography　139
C catalog　139
CD-ROM　8, 137, 143
CD-ROM検索システム　143
computer search　140
current awareness service　4, 55
D database　140
directional reference questions　52
document delivery　53
DVD　8
DVD-ROM　137, 143
E electronic interview　134
e-JAPAN戦略　8
F face-to-face interview　134
G group instruction　59
guidance　55
I ILL: interlibrary loan　53
index　139
information　10, 50
information and referral services　55
information service　5, 17
instruction　57
Internet　144
IT革命　8
M manual search　139
N networked information resources　148
O one-to-one instruction　58
OPAC　83
outreach program　24

- **P** precision ratio 80
  public service 2
- **Q** quick reference questions 52
- **R** readers' advisory services 22, 55
  ready reference questions 52, 119
  recall ratio 80
  reference / information service 17
  reference and information service 17
  reference book 137
  reference interview 131
  reference material 136
  reference process 110
  reference question 119
  reference service 4, 15

  reference source 136
  reference system 111
  reference work 12, 15, 20
  referral service 4, 54
  research question 51, 119
- **S** SDI: selective dissemination of information 57
  search engine 145
  search question 51, 119
  subject departmentalization 22
- **T** technical service 3
  term-paper counseling 56
  tutorial 62
- **W** Web (World Wide Web) 144

シリーズ監修者

高山正也（たかやままさや）　国立公文書館館長　慶應義塾大学名誉教授

植松貞夫（うえまつさだお）　筑波大学教授

執　筆　者

渋谷　嘉彦（しぶや・よしひこ）
1944年生れ
1967　早稲田大学第一文学部卒業
1968　図書館短期大学別科修了
　　　横浜国立大学附属図書館，図書館短期大学助手を経て，
現在　相模女子大学学芸学部教授
主著　『情報サービス概説』（共著）樹村房ほか

大庭一郎（おおば・いちろう）
1966　茨城県水戸市に生まれる
1990　図書館情報大学図書館情報学部図書館情報学科卒業
1992　図書館情報大学大学院図書館情報学研究科修士課程修了
　　　筑波大学附属図書館に勤務後，図書館情報大学助手を経て，
現在　筑波大学大学院図書館情報メディア研究科講師
主著　『レファレンスサービス演習』（共著）理想社，『図書館情報学の創造的再構築』（共著）勉誠出版，『情報検索演習　新訂』（共著）東京書籍　ほか

杉江典子（すぎえ・のりこ）
1971　大阪府に生まれる
1994　同志社女子大学学芸学部英文科卒業
2000　愛知淑徳大学文学研究科図書館情報学専攻修士課程修了
2003　慶應義塾大学文学研究科図書館・情報学専攻後期博士課程単位取得満期退学
現在　駿河台大学文化情報学部准教授

梁瀬三千代（やなせ・みちよ）
　　　長崎市に生まれる
　　　立命館大学文学部史学科卒業
　　　慶應義塾大学文学部図書館・情報学科卒業
　　　同大学大学院政策・メディア研究科修士課程修了
1981　東京大学情報図書館学研究センター，同大学文献情報センター，㈱エポックリサーチを経て，
現在　慶應義塾大学三田メディアセンター
主著　『情報探索ガイドブック』（編集）勁草書房，『情報検索演習』（共著）東京書籍ほか

新・図書館学シリーズ　4
改訂情報サービス概説

平成10年3月16日	初版発行	平成15年2月25日	初版第6刷
平成16年3月15日	改訂第1刷	平成19年2月20日	改訂第4刷
平成20年2月20日	改訂第5刷（第2章追加・削除）		
平成24年4月5日	改訂第9刷		

著者Ⓒ　渋　谷　嘉　彦（編集）
　　　　大　庭　一　郎
　　　　杉　江　典　子
　　　　梁　瀬　三千代

検印廃止　　発行者　大　塚　栄　一

発行所　株式会社　樹村房　JUSONBO

〒112-0002　東京都文京区小石川5丁目11番7号
電　話　東　京　(03) 3868-7321㈹
F A X　東　京　(03) 6801－5202
http://www.jusonbo.co.jp/
振　替　口　座　　00190-3-93169

製版印刷・亜細亜印刷／製本・常川製本

ISBN978-4-88367-076-5
乱丁・落丁本はお取り替えいたします。

樹村房

高山正也　植松貞夫　監修　**新・図書館学シリーズ**

＊は編集責任者　　　（A5判）

1 改訂 図書館概論	＊植松　貞夫　寺田　光孝　薬袋　秀樹	志保田　務　永田　治樹　森山　光良	1,995円（税込）
2 改訂 図書館経営論	＊高山　正也　岸田　和明　村田　文生	加藤　修子　田窪　直規	1,995円（税込）
3 改訂 図書館サービス論	＊高山　正也　斎藤　泰則　宮部　頼子	池内　淳　阪田　蓉子	1,995円（税込）
4 改訂 情報サービス概説	＊渋谷　嘉彦　杉江　典子	大庭　一郎　梁瀬　三千代	1,995円（税込）
5 改訂 レファレンスサービス演習	＊木本　幸子　堀込　静香	原田　智子　三浦　敬子	1,995円（税込）
6 三訂 情報検索演習	＊原田　智子　小山　憲司	江草　由佳　澤井　清	1,995円（税込）
7 改訂 図書館資料論	＊平野　英俊　岸田　和明	岸　美雪　村上　篤太郎	1,995円（税込）
8 改訂 専門資料論	＊戸田　光昭　澤井　清　仁上　幸治	金　容媛　玉手　匡子	1,995円（税込）
9 三訂 資料組織概説	＊田窪　直規　小林　康隆　山崎　久道	岡田　靖　村上　泰子　渡邊　隆弘	1,995円（税込）
10 三訂 資料組織演習	＊岡田　靖　菅原　春雄　渡部　満彦	榎本　裕希子　野崎　昭雄	1,995円（税込）
11 改訂 児童サービス論	＊中多　泰子　宍戸　寛	汐﨑　順子	1,995円（税込）
12 　　図書及び図書館史	＊寺田　光孝　村越　貴代美	加藤　三郎	1,995円（税込）
資料分類法及び演習　第二版	＊今　まど子	西田　俊子	1,995円（税込）

司書・学芸員をめざす人への 生涯学習概論	＊大堀　哲　中村　正之　村田　文生	高山　正也　西川　万文	1,995円（税込）
生涯学習・社会教育概論	稲生　勁吾　編著		1,890円（税込）
図書館学基礎資料　第十版	今　まど子　編著		1,050円（税込）
改訂 視聴覚メディアと教育	佐賀　啓男　編著		1,995円（税込）